プーチンの過信、誤算と勝算

ロシアのウクライナ侵略

松島芳彦

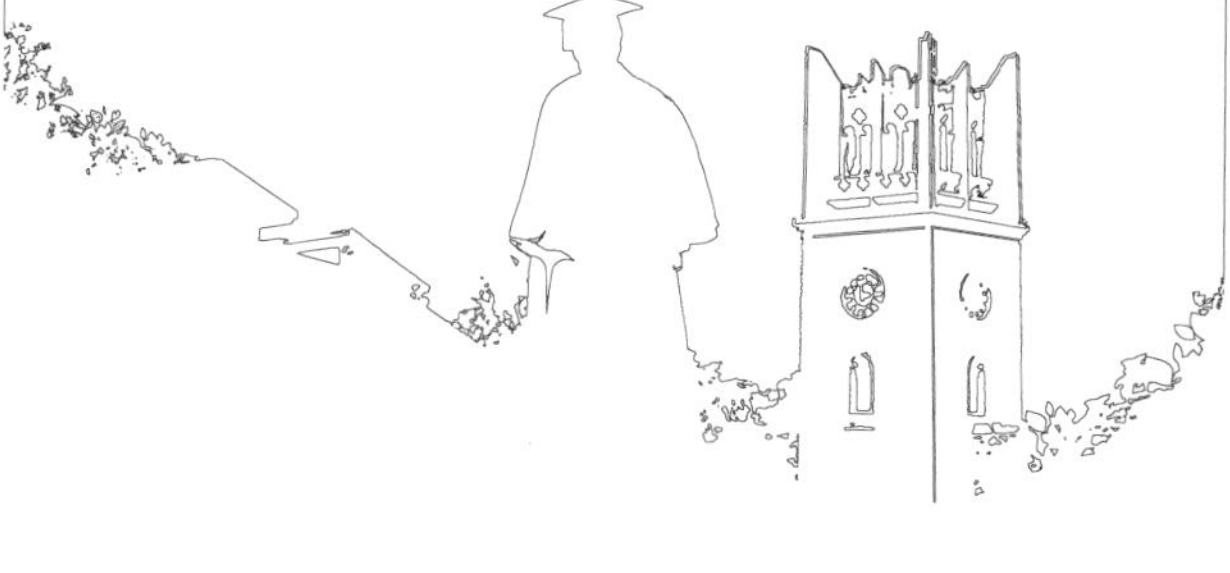

早稲田新書
014

まえがき

ウクライナの国会は今日も荒れ模様だ。ののしり合いが殴り合いとなり、大勢が寄ってたかっての大乱闘になった。そこへ就任したばかりの大統領ワシーリー・ゴロボロチコが入って来る。閣僚名簿を提案するためだ。着席を求めたが乱闘は収まらない。とっさに、こう叫んだ。「プーチンが失脚したぞ!」。議場は静まり返った。

これは、ウクライナで絶大な人気を博したコメディードラマ「国民の僕《しもべ》」の一場面である。大統領ゴロボロチコを演じたのは当時、俳優だったウォロディミル・ゼレンスキーだ。

主人公のゴロボロチコは高校で歴史を教える教師である。離婚して両親と暮らす平凡な男だ。ある日、ウクライナの政治を激しく憤る姿を生徒が盗撮してネットに流した。再生回数はうなぎのぼりとなり、大統領候補にかつぎ出されて、まさかの当選を果たす。まだ30代のゴロボロチコは汚職と腐敗の一掃を掲げ、大胆な改革に乗り出す。闇の世界から政府を操るオリガルヒとの戦いが始まる。旧ソヴィエト連邦圏では、国有資産を民営化する過程に特権的に関わり、巨額の資産を築いた新興財閥が存在する。その総帥たちをオリガルヒと呼ぶ。彼らはビジネスだけでなく、資金力を武器に政治にも進出するようになっていた。

舞台設定がウクライナの現実を映し出していた。ドラマには3人のオリガルヒが登場する。視聴者は瞬時に、この国に君臨する実在の3人を連想した。オリガルヒは行政、司法、議会と並ぶ「第4の権力」(ゼレンスキーはそう呼ぶ)となっていた。大統領就任式のリハーサルをする場面は、2014年の「ユーロマイダン革命」で逃亡したヤヌコーヴィチの豪邸で撮影した。筋立ては荒唐無稽なのだが、視聴者を物語に引きずり込むリアリティーがあった。一部の特権階級が国を支配する現実に国民はうんざりしていたので、ゴロボロチコの戦いを見て笑い転げ、大いに溜飲を下げた。物語はロシア語で進行する。ウクライナ語でなくても視聴者は、ごく自然に受け入れた。この国では、それが日常の言語感覚であった。

「国民の僕《しもべ》」は2015年から19年まで3回のシリーズが、テレビ局「1+1」で放送された。最終回の放送は19年3月28日、大統領選挙の投票は3日後の31日である。ゼレンスキーは前年の大みそかに出馬を表明し、ゴロボロチコと同じ「反腐敗」「反特権」を掲げ、東部ドンバスの紛争終結を公約した。ソーシャルメディアを駆使して、単純で明快なメッセージを国民に直接届ける能力は、のちのロシアとの戦争でも遺憾なく発揮される。有権者はいつの間にかゼレンスキーにゴロボロチコの姿を重ね見るようになっていた。4月の決選投票ではゼレンスキーが73・22％の支持を得て現職のポロシェンコに圧勝した。ユーロマイダン革命の勢いを駆って政権に就いたポロシェンコは、1期で大統領の地位を失った。「国民の僕《しもべ》」はテレビの気楽な架空世界から、権謀術数の政治、外交、そして血なまぐさい紛争の舞台へと躍り出た。41歳の若き指導者に国民は大きな期待を寄せた。だが背負った課題が重すぎた。

ゼレンスキーは1978年1月、ウクライナ中東部ドニプロペトロウシク州クリヴィーリフでユダヤ人の両親のもとに生まれた。父はコンピューター・サイエンスが専門の大学教授、母は技術者という知識人の家庭で、ロシア語を母語として育った。父方では祖父とその兄弟3人がナチス・ドイツのホロコーストで命を落とした。曽祖父母もドイツ兵が自宅に放った火で焼き殺されている。このようなユダヤの家系に連なるゼレンスキーを、ロシア大統領プーチンは「ネオナチ」呼ばわりして侵攻の口実にした。ロシア外相のラブロフは、ヒトラーにもユダヤ人の血が入っていたと口を滑らせた。イスラエル政府が猛反発し、プーチンは謝罪しなければならなかった。そもそもの理由付けに無理があるので、ほころびを繕おうとしたのだが、かえって失態をさらけ出す結果となった。

ゼレンスキーは人を楽しませる才能を早くから開花させ、高校時代に友人と喜劇の劇団を組んだ。キーウ（キエフ）大学では法律を専攻した。「95番街」という喜劇集団を結成して活動を続けた。自分が学んだ学校にちなむ名称だという。卒業後はコメディアンを職業に選ぶ。制作、演出、演技の全てをこなせるマルチな能力があったので、「95番街」は内外で人気を博した。やがて主な活動の場をロシアに移す。２０１４年のクリミア併合に反発して、ウクライナ軍に収益を寄付したり、慰問に訪れたりするようになる。ロシアの芸能界から締め出され、ウクライナに活動の場を移した。プーチンのクリミア侵略が、ゼレンスキーの運命を変えた。

もう一人、ゼレンスキーの人生に決定的な転機をもたらした人物がいる。ドニプロペトロウシク州を拠点とするウクライナ有数のオリガルヒ、イホル・コロモイスキである。ゼレンスキーより15歳年上のユダヤ人で、彼が創設した国内最大の商業銀行プリヴァト銀行を中核とする巨大なコングロマリット（複合企業）は、エネルギー、金融、鉄鋼、メディアなど広範囲で事業を展開し、総資産額は11億ドルと言われる。私費で義勇兵部隊を組織してドンバス紛争に送り込むなど貢献があったため、大統領ポロシェンコとは当初、良好な関係を維持した。一時はドニプロペトロウシク州知事も務めた。しかし、国営の石油ガス企業の株式配分などをめぐって二人の関係は悪化した。ポロシェンコが２０１６年12月、プリヴァト銀行を国有化したため対立は頂点に達した。コロモイスキは政権による訴追を恐れて一時国外へ逃れた。

「国民の僕《しもべ》」を放映した「１＋１」はコロモイスキが所有するテレビ局である。ゼレンスキー擁立の背後には、ポロシェンコを大統領の座から引きずり降ろしたいコロモイスキの意思が働いたと見るのが妥当であろう。「国民の僕《しもべ》」のゴロボロチコはオリガルヒと闘ったのに対し、生身のゼレンスキーは有力なオリガルヒと協力関係にあった。ドラマの印象が事実を覆い隠したかの感があった。

ゼレンスキーはまず、最優先課題に据えたドンバス紛争の打開に動く。２０１９年5月20日に議会で行った就任演説では、ウクライナ語を突然ロシア語に切り替え、ドンバスの住民について「彼らは異邦人ではない。我々と同じウクライナ人なのだ」「まずは捕虜となった同胞を取り返さねばならない」などと訴えた。民族派の議員が「ウクライナ語で話せ！」と叫んだ。ゼレンスキーは「人々をまた分断しようというのか」と言い返した。覇気に満ちた態度だった。

外交では6月に、初の外遊先としてベルギー・ブリュッセルを訪問し、ヨーロッパ連合（ＥＵ）と北大西洋条約機構（ＮＡＴＯ）に加盟する方針を確認した。ＥＵ大統領トゥスクとの会談では、ウクライナのＥＵ加盟が「ロシアの帝国主義的構想の終焉」を意味すると述べた。

ドンバス紛争については10月1日、「シュタインマイヤー・フォーミュラ」を受け入れる方針を明らかにした。このフォーミュラは停戦合意「ミンスク２」を補足する形で、ドイツ外相のシュタインマイヤーが２０１５年に提案したままになっていた。ドンバス２州の親ロシア派支配地域で、首長と地方議員の繰り上げ地方選挙の投票が実施された当日の午後8時に、両地域に「特別な自治権」を付与する法律を発効させるという規定である。

そもそもミンスク２自体が、ロシアと接する国境の管理権の回復を後回しにしているという点でウクライナにとっては不利な取り決めであった。親ロシア派地域に限定した地方選挙を認めることも、「特別な権限」を与えることも、ウクライナにとっては主権の侵害にほかならない。シュタインマイヤー・フォーミュラは、さらに踏み込んで、特別な自治権を付与するタイミングまで明確化していたため「クレムリンでつくられた」という批判さえあった。ポロシェンコが放置していたこの提案を、あえて拾い上げることで、ゼレンスキーはプーチンと会談の合意を取り付けた。

この決定に対して国内では猛反発の声が上がった。10月6日にはキーウで1万人が抗議集会を開き、ポロシェンコも参加した。11月の世論調査でゼレンスキーの支持率は、2カ月で21ポイント急落して52％となった。大統領の支持率が短期間で急落するウクライナでは、比較的高い支持率だったものの、選挙で圧勝した勢いは既になかった。12月にはドイツ、フランス首脳の立ち合いのもとで、パリでプーチンと初めての会談にこぎつけた。プーチンはこの場でミンスク2の履行とクリミア半島のロシア主権承認を強硬に迫った。ゼレンスキーは「特別な地位」をめぐり、これ以上の譲歩を重ねれば政治生命が危ぶまれた。クリミアの主権承認など、もってのほかだった。

大統領1年生のゼレンスキーにとって、百戦錬磨のプーチンから受けた威圧は相当こたえたに違いない。この会談のあと、ゼレンスキーは急速に反ロシア、親欧米に傾いてゆく。2021年5月には、親ロシア派の「野党プラットフォーム」を率いるメドベチュクを国家反逆罪で訴追した。プーチンはメドベチュクの娘の名付け親である。宗教的には、プーチンとメドベチュクは義兄弟の関係にある。プーチンは激怒した。

8月にクリミア解放を目指す国際会議を主催した。40カ国以上が参加し、バルト諸国は首脳級がやって来た。日本は駐ウクライナ大使の倉井高志が出席した。9月にはゼレンスキーがアメリカを訪問し、大統領バイデンは6000万ドル規模の軍事支援を約束した。

プーチンは先を見越して既に重要な措置を講じていた。ゼレンスキー政権が正式に発足する直前の2019年4月に、ウクライナ東部2州の住民がロシアのパスポートを取得する手続きを簡素化する大統領令に署名し、実際の発給が6月から始まっていた。ロシアのパスポート発給までの期間としては異例の短さである。ドンバスの親ロシア派支配地域にロシア国籍を持つ住民が急速に増えていった。「国民の保護」を名目に非常手段に訴える下地ができつつあった。嘘でもいいから大義名分を整えるのがプーチンの流儀である。

ウクライナの国防相レズニコフは2021年12月初めの最高会議で、ロシアが国境に9万4000人以上の部隊を集め、攻撃の準備をしていると述べた。戦争の足音が聞こえていた。3年ぶりに実現したパリの首脳会談が実は和戦の分水嶺だった。

ウクライナ侵略戦争にプーチンを駆り立てた過信。いつ、どこで、なぜ、彼は間違ったのか。勝算はあるのか。過去に立ち会い、折々の言葉に耳を澄まし、心の闇に目を凝らしてみよう。世界で何が起きているのか。私たちは今を見定め、未来を切り開かねばならない。これ以上、命が失われないために。

（敬称略、以下同じ）

目次

まえがき　3

第一章　戦端は開かれた　14

1、逃げた大統領／2、時限爆弾／3、特殊軍事作戦／4、イワンの憂い／5、消えた論文／6、強制連行

第二章　不信の底流　57

1、宿敵／2、ワニの涙／3、連邦再編の野望／4、クリミアの復讐／5、フルシ

チョフの贈り物／6、ベーカーの約束／7、ハベルの懸念

第三章　闇黒の海と大地……107
1、プーチンの国家観／2、エリツィンの怒り／3、ユーゴ空爆の亀裂／4、戦争の原型と恩恵／5、黒海艦隊の分割／6、欧米との蜜月／7、オレンジ革命／8、ブカレストへの道／9、ルビコン川を渡る

第四章　核を弄ぶ皇帝の命運……168
1、クリミア強奪の代償／2、巨大な緩衝地帯／3、核兵器による恫喝／4、勝者なき核戦争／5、引き裂かれた親子／6、神と戦争／7、もう一つの核兵器／8、過去か未来か

あとがき　223
主な参考図書等　229

第一章　戦端は開かれた

1、逃げた大統領

ムスタファ・ナイエムはキーウで活動するジャーナリストだ。アフガニスタンのカブールで生まれた。ソヴィエト軍の介入で紛争が泥沼化していた。毎日のように砲弾のさく裂音を聞いて育った。政府高官だった父は１９８６年にモスクワに渡り心理学の博士号を取り、息子を呼び寄せた。父はウクライナの女性と結婚して、ソヴィエト連邦崩壊後にキーウに移住した。ナイエムはそこで育った。ヤヌコーヴィチ政権がヨーロッパ連合（ＥＵ）との連合協定について、締結を保留する方針を表明した２０１３年11月21日に、フェイスブックにこう書きこんだ。

「22時30分に独立記念碑の下で会おう。暖かく着込んで、傘とお茶やコーヒーを持って、素敵な気分で、友達を連れて。この投稿のシェアは大歓迎だ！」

ナイエムの呼び掛けに応じて、ウクライナの首都キーウの独立広場に数千人が集まった。「ユーロマイダン」は、このようにして始まった。ユーロはヨーロッパ、マイダンは広場を意味する。「独立広場」は「ヨーロッパ広場」と化した。群衆はたちまち数万人から数十万人となり、広場を埋め尽くした。人々はヨーロッパ統合の歩みを止めた大統領ヤヌコーヴィチの辞任とＥＵとの連合協定締結を要求した。２００４年のオレンジ革命も氷点下の広場が舞台だった。ウクライナの歴史は凍《い》てついた広場で動く。ヤヌコーヴィチは当初、要求を無視して放置した。だが群衆は引き下がらなかった。

アメリカ国務省でユーラシアを担当する次官補ヌーランドらがキーウを訪れた。オバマ政権は、ヤヌコーヴィチ政権と群衆の仲介が目的であると説明した。だがヌーランドが広場の人々に食べ物を差し入れる姿を見れば、アメリカがどちらに親近感を抱いているのかは一目瞭然だった。彼女は食料が入った白いビニール袋を持って「アメリカから来たのよ」「パンはいかが」と人々に語り掛けた。ヌーランドの父方の祖父はロシアから移民したウクライナ系のユダヤ人である。ロシアに厳しい外交官として知られていた。ロシアの「天敵」である共和党の上院議員マケインもやって来た。広場に設置された演壇から「勇敢なウクライナの人々よ、今こそ諸君の時が来た。アメリカとヨーロッパは諸君と共にある」と呼び掛けた。

暴動鎮圧の訓練を受けた特殊機動隊ベルクトにヤヌコーヴィチは群衆の強制排除を命じた。ベルクトが無防備な市民を殴ったりけったりする姿に反発して、広場の人数はさらに増えていった。それに連れて、ヨーロッパ統合を目指す大衆運動としてのユーロマイダンは、ウクライナ民族主義の色合いも帯びるようになった。過激な活動家の姿が目立つようになった。火炎瓶の炎が闇を照らし、銃声が響いた。治安部隊だけでなく群衆にも武器を所持する者が現れた。ヤヌコーヴィチは硬軟の対策を取りまぜて、群衆を解散させようとした。状況は既に制御不能だった。流血の拡大が懸念された。アメリカ副大統領のバイデンは政権側の武力行使を制止するために、何度もヤヌコーヴィチに電話を入れて説得した。

ユーロマイダンは年を越した。2月18日、ついに治安部隊と群衆が衝突した。ヤヌコーヴィチは狙撃手まで配置して実力行使に踏み切った。ベルクトは実弾を使用した。その後の数日間に双方で約100人もの死者が出た。2月21日、野党を代表するヤツェニューク、クリチコ、チャフニボクの3人とヤヌコーヴィチが、危機回避に向けて話し合う合意書に署名した。仲介に尽力したポーランド外相シコルスキー、ドイツ外相シュタインマイヤー、フランス外相ファビウスも保証人として合意書に署名した。プーチンが送り込んできたロシア政府人権監視オンブズマンのルキンは署名をしなかった。プーチンは既に次の一手を考えていた。それは２００８年８月のジョージア（グルジア）侵攻とは比べものにならない破壊力を秘めていた。ロシアのジョージア侵攻についてはあとで詳しく触れよう。

合意書によれば、双方が武力行使を控え、当面は与野党連立の国民統一政府を樹立、２０１４年12月までに大統領選挙を実施することになった。合意達成の数時間後にヤヌコーヴィチの姿がキーウから消えた。ウクライナ軍の武器庫を襲った群衆が大統領府に向かったという噂が流れると、大統領警護の兵士は一斉に持ち場を放棄した。生命の危険を感じたヤヌコーヴィチも、いったんハリコフに逃れたあと、クリミアのセヴァストーポリからロシアへ向けて出国した。流血の惨劇に転じたユーロマイダンは、現職大統領の逃亡で一応の収束をみた。のちのウクライナ戦争で首都退避を拒否した大統領のゼレンスキーは、低迷していた支持率を一気に回復させ、国民を統合する役割を果たした。ヤヌコーヴィチの政治生命は国を捨てた時に尽きた。使い道のなくなった人間を、プーチンは二度と相手にしなかった。

合意書署名前の2月7日、ヌーランドとアメリカの駐ウクライナ大使パイアットが交わした電話の音声がネット上に出現した。二人はヤヌコーヴィチ後を見据えて、ウクライナの新しい指導体制について相談している。パイアットが「クリチコは明らかに面倒な選択だ。特に副首相にするのは……」と言い、ヌーランドが「クリチコを政府に入れるべきだとは思わないわ。その必要はない。いい考えだとは思わない」と答える。クリチコはボクシングの世界ヘビー級王者だった。のちのウクライナ戦争ではキーウ市長として、首都防衛の陣頭指揮を執る。

ヌーランドは「経済の経験も行政の経験もある」とヤツェニュークを推した。さらに国連の関与を歓迎し「国連の助けで片がつけばありがたい。ファックEU」と言った。ロシアに遠慮しがちなヨーロッパ連合を、いまいましく思っていたのだ。会話の一部を切り取った4分10秒ほどの録音だった。ロシアの諜報機関が盗聴して流出させたことに疑いはなかった。ヌーランドは記者会見で、録音が本物であることを認め、EUに謝罪した。

ウクライナ最高会議はヤヌコーヴィチ弾劾を決議し、大統領選挙の5月実施を決めた。2月23日には、大統領権限を野党選出の議長トゥルチーノフに暫定的に委譲した。プーチンがありとあらゆる手段を駆使してロシアにつなぎ留めたヤヌコーヴィチ政権は消滅した。この政変をプーチンはのちのちまで「軍事クーデター」と言ってはばからない。ソヴィエト連邦崩壊後のウクライナで、アメリカ大使館やソロス財団が、ジャーナリストのナイエムのような若者をアメリカの大学などに招いて、下からの民主化を促したのは公然の事実である。ナイエムたちには「ソロスっ子」というあだ名がついた。欧米型の民主主義を理想と信じる若者たちが、当初のユーロマイダンでは中心的な役割を果たした。プーチンから見れば、アメリカが仕掛けたクーデターにほかならなかった。

ナイエムらはキーウ郊外にあるヤヌコーヴィチの豪邸に踏み込んだ。多くの書類が焼却されたり、池に投げ込まれたりしていた。広大な敷地には、ゴルフ場や珍しい動物を飼育するミニ動物園、自家用の野菜を栽培する農園まであった。調度や美術品は王侯貴族の暮らしを連想させた。大量の会計文書の中には、複数の黄金のシャンデリアを約3千万ユーロ（約42億円）で購入した記録もあった。それはロシア型腐敗の極致ともいえる光景であった。邸宅は市民に開放され、観光名所となった。

さらに厳しい幾多の試練がウクライナを待ち受けていた。8年後のウクライナ戦争で、ナイエムはインフラ整備省の次官として、ロシア軍が破壊した道路の修復に奔走する。ヌーランドは国務次官に昇格してプーチンの前に立ちはだかる。

2、時限爆弾

アメリカ中央情報局（CIA）長官のウィリアム・バーンズは、バイデン政権きってのロシア通である。本来は外交官で2005年から08年まで、駐ロシア大使を務めた。膨大なインテリジェンス情報に加え、プーチンの一挙手一投足、言葉の使い方や目の動きから、心理状態をつかみ、政策に反映させる。情報収集と分析のプロ集団が蓄積したノウハウと知見を駆使しつつも、最後は研ぎ澄まされた感性がものを言う。バーンズの眼に映じたプーチンは「ロシアの特質を幾つも含有する奇妙な混合体」である。「うぬぼれ屋で気難しく、被害者意識が強く不安感にさいなまれている」

2021年11月、ウクライナ情勢は風雲急を告げていた。

国境に集結するロシア軍は史上空前の規模に膨れ上がっていた。アメリカ大統領バイデンはバーンズをモスクワに派遣した。プーチンと面会して、アメリカの懸念と警告を伝え、相手の腹のうちを探るためだ。針の穴に糸を通すような繊細さが求められる。プーチンはバーンズに会おうとしなかった。電話に応じただけだった。それでもクレムリンの複数の高官とは会って話ができた。

以前にも似たようなことがあった。

２０１４年2月23日のソチ冬季五輪の閉会式に、バーンズはアメリカ政府の代表団長として参加した。当時は国務次官の立場にあった。アメリカはロシアがクリミアに軍を投入する動きをつかんでいた。バーンズはプーチンに面会を求めたが拒否された。プーチンは、大きな仕事を前に心底を覗き込まれるのが嫌だったに違いない。

プーチンは21年7月12日、「ロシアとウクライナの一体性について」と題する長大な論文を発表した。19年12月に初めて実現したゼレンスキーとの首脳会談は成果がなかった。その後、ゼレンスキーはウクライナにおける親ロシア派の巨頭でプーチンと親しいメドベチュクを訴追し、トルコ製のドローンでドンバスの親ロシア派武装勢力を攻撃した。より挑戦的な行動をするようになっていた。プーチン論文は唐突感も否めなかった。前後の情勢を踏まえれば、クレムリンがウクライナについて何らかの重大決定を下したのかもしれなかった。その後は国境の周辺でロシア軍の動きも目に見えて活発になってゆく。

　プーチン論文によれば、ロシア、ウクライナ、ベラルーシは言語、宗教を絆とする古代ルーシの末裔であり「歴史的、精神的に一つの空間」である。ポーランド、リトアニア、ロシアという帝国のはざまにあって、幾多の「えせ国家」の興亡があったものの、現在のウクライナとベラルーシは、つまるところ「歴史的ロシア」として一体の存在だというのだ。ロシア革命を勝ち抜いたボリシェヴィキが共和国という単位で、本来は一つであるべき領域を人工的に分解した。それがソヴィエト連邦崩壊時に残った現在の国境線である。かくして「ロシアは簒奪《さんだつ》された」というのだ。

　各共和国に認めた連邦離脱の権利は「最も危険な時限爆弾」である。ソヴィエト共産党という安全装置が外れて爆発した。

　論文はまた、ウクライナ歴代政権やウクライナを支援した欧米を口汚くののしっている。オリガルヒ、過激な民族主義者、ネオナチが跋扈《ばっこ》したため、ウクライナは今や「ヨーロッパの最貧国」に落ちぶれた。欧米諸国はウクライナを「ロシアを攻撃する前線拠点」に変えようとしている。ロシア語を話す住民の権利を侵害する「同化政策」と「反ロシア」という事業を推進している。ゼレンスキーが選挙で掲げた和平の公約は「偽り」だった。ドンバスでは状況が悪化しているではないか。

プーチンはウクライナとベラルーシを含む「歴史的ロシア」の持論と、欧米やゼレンスキー政権への批判を繰り広げた上で「ウクライナの完全な主権はロシアとのパートナー関係においてのみ可能と確信する」と結論付けた。併合宣言の一歩手前で止めているものの、実際の軍事的圧力と合わせて見れば、プーチンがいよいよ一線を越えて戦争を始める危険を考えないわけにはいかなかった。

「ウクライナ侵略あるいは戦争について、後戻りができない決定をプーチンが下したとは見受けられなかった。しかし明らかに、しかも公然と、その方向に傾斜しつつあった」。バーンズは11月のモスクワ訪問で、このような印象を受けた。そして「自分たちの判断が間違っていることを願い、眠れない夜が続いた」。

２０２２年2月20日、北京冬季五輪が閉幕した。翌日、プーチンは、またも長大な声明をテレビで読み上げた。ロシアの伝統的な領土であるウクライナをボリシェヴィキが「切り取った」という歴史解釈を繰り返した上で、ウクライナは「真の国家として堅固な伝統を有したことがない」と踏み込んだ。主権国家としてのウクライナを事実上否定したのである。ウクライナの核兵器開発を疑い、ウクライナではＮＡＴＯ（北大西洋条約機構）加盟国との演習が恒常化しているため、ＮＡＴＯ加盟は時間の問題であると断定し、「自衛の戦い」をする権利を留保した。親ロシア派が樹立したドネツク、ルガンスクの両人民共和国の独立を承認し、友好協力条約に調印すると述べた。苦しむ同胞を助ける名目で国境を越える体裁を整えたのだ。

プーチンは24日にも長い演説をし、ＮＡＴＯ不拡大の約束を破ったアメリカとその同盟国を「嘘の帝国」と断じた。１９４１年６月にナチス・ドイツの侵攻を受けて甚大な被害を出した歴史を国民に想起させ、我々は誤りを繰り返してはならないと訴え、先制攻撃を宣言した。ロシアにとっては「存亡」の問題であると危機感をあらわにした。ウクライナの「非軍事化」「非ナチ化」を掲げて、「特殊軍事作戦」を発動した。その日のうちにミサイルが飛び、空挺部隊がウクライナの空港や軍事拠点を襲った。バーンズが「間違いであってくれ」と願った戦争が始まった。

一連の演説は、バーンズが言う「奇妙な混合体」としてのプーチンの姿をさらけ出している。「うぬぼれ屋で気難しく、被害者意識が強く不安感にさいなまれている」。実はプーチンが繰り返す「ボリシェヴィキの過ち」は、戦争のために考えついた即席の主張ではない。まだサンクトペテルブルク副市長時代の１９９０年代前半にロシアのテレビの取材を受けて、次のように述べている。

「我々が今体験している悲劇について語りたい。祖国の崩壊という悲劇についてである。１９１７年革命を主導した活動家たちは、ロシアといううかけがいのない国に時限爆弾を残した。かつて地球の地図に存在したことがない国々をつくることで、我が祖国を分割したのだ」

「時限爆弾」は30年前からの持論だった。この男がモスクワに移り、やがては大統領になるとは、まだ予想すらできなかった時代である。連邦国家の守護を使命とするＫＧＢ（旧ソ連国家保安委員会）に自ら志願した人物に、汎ロシア主義が芽生えた理由は本人も語っていない。プーチンという謎を解く鍵は、そこにあるのかもしれない。

この戦争には幾つもの時間が流れている。クリミア併合の延長という意味では数年単位の時間である。いまだに続くソヴィエト連邦崩壊プロセスの最終段階としては、10年単位の時間も混入している。さらに「歴史的ロシア」の復活という１００年単位の時間が深層を成している。プーチンの頭の中には、ボリシェヴィキが裁断した帝国の版図が描かれているだろう。時間と空間の錯綜を狂気と言う。

3、特殊軍事作戦

大統領プーチンによれば、２０２２年2月24日にウクライナで始めた侵略は「特殊軍事作戦」であり、「戦争」ではない。

ロシアではメディアが「戦争」という言葉を使って報道すると、「海外で活動する政府機関に関して虚偽の情報を拡散した罪」に問われ、責任者は最長15年の懲役を科される恐れがある。この法律は軍事侵攻のあとに急いで作り、3月25日に発効させた。戦争の妨げとなる言説を細かく取り締まる必要性をクレムリンが感じたのだろう。

19万人もの兵員が国境を越えて隣国になだれ込み、戦車や装甲車が走り回り、ミサイルが住宅地を破壊しているのに、それを戦争と呼ぶなと言う方が無理だろう。プーチンはなぜそこまで「特殊軍事作戦」という言葉にこだわるのだろうか。戦争が国連憲章に違反するという理由だけではなさそうだ。

ウクライナに関して「特殊作戦」という用語が唐突に飛び出したのは、２０１５年５月28日にプーチンが署名した大統領令である。大統領令は「平時に実施された特殊作戦で死亡したロシア軍将兵に関する情報は国家機密に指定できる」と定めた。つまり、どのような状況であれ勝手に「特殊作戦」と命名してしまえば、兵士が何人死んでも国民に知らせる必要はないということになる。

ウクライナでは２０１４年3月に、ロシアがクリミアを占領して併合し、東部のドネツク、ルガンスクの2州では、ウクライナからの分離を目指す親ロシア派の住民とウクライナ軍との間で武力紛争が泥沼化した。ロシア軍が兵器や部隊を東部に送り込んで、親ロシア派と共に戦っていることは周知の事実となっていた。アメリカの国務次官補ヌーランドは15年3月に下院外交委員会で、ウクライナ東部紛争におけるロシア軍の死者について「ロシアが事実を隠蔽しているので、完全に正確な評価を下すのは非常に難しい。現段階では４００人から５００人に達しているのではないか」と証言している。ロシア国内でも兵士の遺族らが情報開示を求め、国防省との間で摩擦が生じていた。

プーチンの大統領令はちょうど、このような動きに呼応するタイミングで公表された。そもそもクレムリンは、親ロシア派が樹立を宣言したドネツク人民共和国、ルガンスク人民共和国を承認していなかった。これらの地域にロシア軍を派遣している事実も完全に否定していた。理屈の上では、ウクライナで戦死した兵士などいてはならない。一方で現実には数百人の戦死者が出ている以上、彼らの死について詳細を公表しない理由が必要になったのであろう。特殊作戦で死んだのだから「いつ、どこで、どのように死んだのか」を明らかにすることはできない。国防省の担当者は遺族に、そう言えるようになったのだ。

大統領報道官ペスコフは大統領令について「関連法規を改善したにすぎず、ウクライナ情勢とは無関係であり、プーチン大統領はウクライナ領内で特殊作戦を裁可する意図を持っていない」とまで言い切った。ウクライナ東部紛争で死んだ兵士は、どこか別の場所の「特殊作戦」で命を落としたという説明が遺族にはなされたのだろう。あるいは死亡した事実さえ明確には伝えなかったのかもしれない。息子を亡くした父母は、息子の命を代償に国家が何を得たのかを知りたいと願うに違いない。死んだ兵士に国家が手向けるべき最低限の名誉さえ、プーチンの体制は認めようとしなかった。

プーチンは軍事侵攻当日の演説で「ドネツク人民共和国、ルガンスク人民共和国との友好相互援助条約に基づき、私は特殊軍事作戦を裁可した」と述べた。3日前にドネツク、ルガンスクの親ロシア派が樹立した国家を承認していたので、その要請によりロシア軍を公然と送り込む大義名分を語ることができた。従来は何もかも曖昧《あいまい》だった「特殊作戦」の化けの皮がはがれ、ロシア軍がウクライナで実施する「特殊軍事作戦」という正体を現したのである。戦争ではないので「平時の特殊作戦」という欺瞞を押し通せる。戦死者について必ずしも公表の義務は生じない。

ロシア国防省は3月25日、ウクライナにおける「特殊軍事作戦」の死者を1351人と発表した。2022年7月末の時点で、人的損害を明らかにしたのはこの時だけである。イギリスの国防相ウォレスは4月下旬、ロシア軍が約2カ月で約1万5000人を失ったとの推計を明らかにした。ウクライナ国防省も同時期に、ロシア軍戦死者は約2万9000人との見方を公表した。ソヴィエトによるアフガニスタン軍事介入は1979年から89年の約10年間で約5万6000人の死者を出した。イギリス国防省はロシア軍の犠牲について、ソヴィエトのアフガニスタン介入と「同様の死者数」との分析を公表した。

ロシアは伝統的に軍事を重んじる国柄でありながら、人々は戦死者の数には非常に敏感だ。第二次世界大戦でナチス・ドイツと戦い2660万人もの死者を出した記憶や、アフガニスタン介入で多大の犠牲を払って国力の疲弊を招き、撤退という形で事実上の敗北を喫した苦い経験が、国民に共通の痛みとして残っているからだ。プーチンが死者の公表を極度に嫌い、傭兵やチェチェンの民兵を重用するのは、そのような国民心理を十分に理解しているためだろう。戦死者を全て公表してしまえば、戦争指導に重大な支障を招く恐れがある。

「特殊軍事作戦」という呼称には、犠牲者について全容を明らかにしたくない思惑に加え、プーチンが思い描いた戦争の姿も反映していると思われる。アフガニスタン従軍経験がある退役大佐で元ロシア上院議員のフランツ・クリンツェヴィチは、国営ロシア通信の求めに応じて「特殊作戦」について説明し、「現地の住民と自軍の安全に重きを置き」「ナチス勢力が住民に紛れ込んでいるからといって無差別な掃討はしない」と述べている。

プーチンは「キエフ《ママ》の体制による虐殺から住民を救う」ため「ウクライナの非軍事化、非ナチ化」を作戦の目的に掲げた。圧倒的な軍事力の示威により、短期間に最小限の戦闘と犠牲で、ゼレンスキー政権を崩壊させ、ロシアの傀儡《かいらい》政権を樹立する電撃戦を想定していたらしい。侵攻直前の演説で「我々の計画にウクライナ領土の占領は含まれない」と明言したのも、短期決戦でウクライナ政権の「すげ替え」を達成する思惑だったことをうかがわせる。ウクライナの国民感情にも配慮して、ウクライナ全体と敵対する戦争ではなく、あくまでゼレンスキーという「悪者」を追放するオペレーションであると印象付けようとしたのである。

　ロシア軍が大挙して攻め込めば、既に支持基盤が揺らいでいて政治や軍事の素人であるゼレンスキーはすぐに首都キーウから逃げる、とプーチンは踏んでいたようだ。装備と兵員の数で圧倒的に勝るロシア軍を前にすれば、ウクライナ軍は蜘蛛《くも》の子が散るように持ち場を放棄するとたかをくくっていたのだろう。２０１４年のユーロマイダン革命で、一夜のうちに逃亡した大統領ヤヌコーヴィチの姿が念頭にあったのかもしれない。アメリカやイギリスも同様の見方をしていたので、ゼレンスキーに首都退避を勧め、移動手段の提供を申し出た。ロシアはゼレンスキーが既に逃亡したとの欺瞞情報をネットに流し、ロシア下院議長のボロディンは「ゼレンスキーは２日前からキエ《ママ》フにいない」と公言した。ボロディンは議会の議長としては度の過ぎる発言で知られ、かつては「プーチンのいないロシアはない」とお世辞を言ったこともある。

ゼレンスキーは欧米に「移動手段ではなく弾薬がほしい」と告げ、キーウに踏みとどまる道を選んだ。大統領府の地下壕から屋外へ出て、閣僚たちと共に「自撮り」の画像をネットに公開し存在を誇示した。

この時、プーチンの計画は大きく狂った。

ウクライナ軍の頑強な抵抗を受けて、ロシア軍は失態を繰り返した。イギリス国防相ウォレスによれば、ロシア軍は2カ月の戦闘で大量の人員を失っただけではない。少なくとも約530台の戦車、約530台の装甲車、ヘリを含む約60機の軍用機を破壊された。ロシア軍は当初、動員可能な地上兵力の65％に当たる大隊戦術群120個を投入したものの、25％が戦闘不能の状態となった。

開戦4カ月後の6月には、長期的な消耗戦となる可能性が指摘されるようになった。ロシア軍は深刻な人員不足に苦しんだ。契約兵の年齢について、ロシア人の場合はこれまで契約時の上限を40歳としていたのに対し、6月に年金受給年齢の65歳まで引き上げた。下院は改正法案を一日で通過させ、上院は10分で可決した。

プーチンは「敵はネオナチ政権であって国民ではない」という「特殊軍事作戦」の美学もかなぐり捨てた。先進7カ国（G7）首脳会議がドイツ南部エルマウで開かれていた6月27日、ロシア軍はウクライナ中部ポルタワ州のショッピングモールにミサイルを撃ち込んだ。1000人以上の市民がいたモールは激しく炎上し、数十人の死者が出た。非戦闘員を狙った無差別殺りくである。ウクライナ支援で結束を誇示するG7に対するプーチンの当てつけにほかならない。ゼレンスキーはビデオ演説でロシアを「世界最大のテロ組織」と呼んで激しく批判した。

4、イワンの憂い

前線で戦うロシアの一兵卒を仮にイワンと呼ぼう。どうして命を投げ出してまで戦わなければならないのか。ウクライナに送り込まれた多くのイワンには、その理由が分からなかった。

軍の最高司令官を兼務する大統領のプーチンは、ウクライナ侵攻後の2022年3月、作戦は契約を結んだ職業軍人だけで遂行し、徴兵された者は参加させないと述べた。だがロシア軍の検察当局が開戦3カ月余りで発表したところによれば、約600人の徴集兵をウクライナに送り込んだ罪で12人の将校が免職などの処分を受けた。

プーチンがウクライナ侵攻に投入した当初の兵力は約19万人だった。一気にキーウ陥落を狙った作戦は計画通りに進まず、戦線は拡大した。人員が不足したので徴集兵も前線に立たせたのだろう。前線では上官が徴集兵に契約書を突きつけ、無理やり署名を命令するようになっていた。徴集兵を契約兵に変えて、プーチンの公約とつじつまを合わせていたのだが、隠しきれなくなった。国防省は若者たちの徴兵拒否を恐れた。このため、徴集兵は前線に送らない約束を守るという意思を改めて示す必要に迫られた。将校たちの「処分」発表には、そのような思惑が込められていた。とはいえ、訓練や経験が足りない兵士が前線からいなくなるわけでもなかった。

戦争初期に動員されたイワンは「演習」に行くのだと説明されていた。だからウクライナ軍の激しい抵抗を受けて強く動揺した。ロシア軍は戦争の実態が漏れないように、前線では兵士の携帯電話を没収するという。それでも携帯を隠し持ち、母親や家族と話をする兵士は後を絶たなかった。その会話をウクライナ側が傍受した。イワンは母親に不満と不安を吐露した。

イワン「こんなひどい経験は初めてだよ」

母「せいぜい5日間とか10日間だと思っていたのに」

イワン「何年もとは言わないが、数カ月はかかるらしい。何とか我慢できるかもしれないけど、除隊させてくれなかったらどうしよう？」

母「私が連れ戻してあげる……交代の部隊は来ないの？」

イワン「とんでもない！　もう85％から90％の部隊が、ここに来ている。……でも何のために俺たちがここにいるのかが分からないんだ。……花束で迎えられると思っていたのに。それが、なんてこった！」

ロシア軍首脳部は戦争の目的について、ロシア人の「同胞」やウクライナの「兄弟」をネオナチの残虐な支配から解放するためだ、ウクライナ民衆はお前たちを歓迎するだろうと説明していた。それを真に受けた若者も多かったのだ。彼らは全く異なる現実に直面して困惑し、死の恐怖に怯えた。この現実から逃げ出せないと分かると自暴自棄にもなった。泥酔して狂気の虜となれば倫理観も失せた。やがて悲劇が起きた。

ロシア軍はキーウ陥落を狙い、近郊の都市を次々に制圧した。キーウの北に位置するブチャもその一つであった。だがキーウ制圧が難しいと分かると、東部と南部の制圧に作戦の目的を切り替え、キーウ近郊の部隊を他方面に振り向けた。ロシア軍はブチャからも撤退した。ウクライナ軍が現地に入ったのは4月1日である。地下に身を潜めていた老婆が十字を切りながら涙を流して祖国の兵士を迎えた。その日のうちに、凄惨な光景がSNSで拡散した。ウクライナだけではなく世界が慄然とした。後ろ手に縛られて至近距離から銃弾を撃ち込まれた死体が路上に散乱していた。自転車に乗っていて、いきなり撃たれた市民もいた。

郊外にあるキャンプ場の地下室には、子供を含む18人の遺体が放置されていた。耳を切断されたり、歯を抜かれたりした遺体もあった。拷問と処刑の場所だったとみられる。両ひざに銃弾を撃ち込んで放置するのも拷問の常套手段だった。いったい何を聞き出そうとしたのだろうか？　東部戦線に従軍した疑いがあると、その場で殺した。入れ墨がある男も、過激な民族派とのつながりを疑って殺した。銃後の守りである市民の中に敵の姿を追い求めていた。なぜ、子供まで見境なく殺したのだろうか。

遺体は屋内外を問わず放置されていた。地雷を仕掛けた遺体や、レイプした後に殺して焼いた女性の遺体もあった。性犯罪の痕跡を消すためだろうか。人間の首を切断したり、戦車で轢《ひ》いたりするのは、尋常な感覚ではない。かろうじて難を逃れた人々の証言によれば、兵士たちは常に泥酔していた。酒を飲んでは繰り返し女性を犯し、裸のまま遺体を放置した。略奪も日常茶飯事だった。上官は部下の乱行を放置した。市民の反抗心をそぐために恐怖心を植え付けようとしたのだろうか。単に偶発的な犯罪とは言い難い。正規軍の行動としては、常軌を逸していた。

ブチャを占領していたのは、東部軍管区に所属する第64独立自動車化狙撃旅団である。このほか、ロシアのチェチェン共和国からやって来た私兵集団やロシアの傭兵集団ワグネルの兵士もいたらしい。

ロシア軍はイルピニやゴストメリなど他の占領地でも、同様の犯罪に手を染めていた。犠牲者千数百人と推定されるブチャの虐殺は、衝撃の度合いで群を抜いていた。ウクライナはロシアとの停戦交渉を停止した。欧米は制裁をいっそう強化した。他のヨーロッパ連合（EU）諸国に比べて慎重さが目立ったドイツも、ロシアに対してより厳しい圧力をかける姿勢に転じた。戦争の局面が変わった。

大統領ゼレンスキーは内外に向けて「ブチャの虐殺」を激しく批判した。

「ロシア軍全兵士の母親に問いたい。子供たちの前で母親をレイプして殺すことが、どうしたらできるのか？　ロシアの街でブチャと同じことが起きたらどうだろうか？　ロシアの母親たちよ！　あなた方は息子を略奪者に育てた。だが略奪者でさえ、このような虐殺者と化すことが、いったいどうしたらできるのだろうか？　彼らには魂も心もない」

ゼレンスキーは国連に向けた演説で「ロシア軍は快楽のために市民を殺害した」と断じた。

これに対しロシア外相のラブロフは、ブチャの虐殺は「フェイクニュース」であり、「停戦交渉を打ち切るための口実づくりではないか」とうそぶいた。ロシアの国営テレビは、ブチャの路上で「死体」が、「やらせ」の役割を終えて立ち上がる手のこんだ映像を放送した。中国外務省報道官は「調査結果が出るまで、根拠のない非難は避けるべきだ」とロシアを擁護した。アメリカではロシア批判一色だった。ニュース番組にリモートで出演した元駐ロシア大使マトロックが調査結果を見極めるべきだと言いかけたところで、感情的になった女性キャスターが遮るように割って入った。プーチンのプロパガンダチームが、これを見逃すはずがない。すぐに国営テレビでこの場面を放送した。アメリカにも懐疑論があることを示し、「虐殺＝フェイク」の立場を補強するためである。事実が衝撃的であったため、情報戦も露骨で激しかった。

戦時下のイワンが大規模な戦争犯罪に手を染めたのは初めてではない。第二次世界大戦でソヴィエトがナチス・ドイツと戦った「大祖国戦争」で、赤軍は極度の劣勢に立たされたが、やがて反撃に転じてベルリンにまで進撃して勝利を収めた。進軍途上のヨーロッパ各国やドイツで、赤軍兵士は、ありとあらゆる略奪、市民殺害、レイプをほしいままにした。イギリスの歴史家キャサリン・メリデールは「ドイツでは数万人の成人女性や少女が、赤軍によるレイプの犠牲になったことは疑いがない。それどころか、犠牲者の数は、ほぼ確実に何十万人にも達するとみられる」と記している。だが大祖国戦争の記憶を神聖視するプーチン体制の下では、歴史家といえども、イワンの犯罪について公言することはできない。「歴史捏造《ねつぞう》」の罪に問われる恐れがあるからだ。

ナチスとの戦いで、ソヴィエトは軍民合わせて約2660万人の犠牲を出した。日本の戦没者が約3１０万人だったことを踏まえれば、独ソ戦は想像を絶する絶滅戦であった。ヒトラーもスターリンも、兵士を消耗品としかみなさなかった。モスクワ近郊まで迫ったナチスのドイツ国防軍は、ソヴィエト各地で暴虐の限りを尽くした。ヒトラーの考えでは、ソヴィエトはユダヤ人が支配する国であり、共産主義者はこの世に存在してはならなかった。ドイツ軍の兵士は悪逆の限りを尽くした。略奪やレイプだけではない。パルチザンに対する見せしめのために、家屋に住民を閉じ込めて火を放った。ゼレンスキーの曽祖父母は、このようにして焼き殺された。

ソヴィエト国民の一人一人が、そのような不条理の被害者であり目撃者であった。当時のイワンにとっては復讐が戦う力の源泉となっていた。敵地を目指す行軍の途上にあっては略奪も殺人もレイプも、復讐の一環と感じていた。ところが赤軍は満州でも日本人を相手に蛮行を働いた。日本はドイツの同盟国ではあったが、ソヴィエトに攻め込んではいない。日本人に対してはドイツ人のような怨念はなかったはずだ。赤軍の悪しき習性としか言いようがない。それが21世紀のウクライナ戦争でも発現した。

プーチンは現代のイワンに、ウクライナを支配する「ネオナチ」が敵であると教え込んで侵略戦争に送り出した。ウクライナ国民から見れば、ロシア軍こそがナチス同様の侵略者である。歴史は繰り返す。これからは、ドイツの侵略に赤軍兵士が復讐心をたぎらせたように、家を壊され家族や友人を殺されたウクライナの男たちが、ロシアに復讐を誓うことになるだろう。罪を犯したイワンを罰するのだ。そう思えば、プーチンがヒトラーと重なって見えても不思議ではない。

5、消えた論文

ロシア軍のウクライナ侵攻から2日が経過した2022年2月26日の朝、プーチン政権のプロパガンダ機関であるロシア通信は、「ロシアと新世界の攻勢」と題した論文を発表した。筆者のピョートル・アコポフは保守派の論客で、ロシア通信で定期的に論文を発表している。彼の主張には政権の立場が色濃く反映していると考えていい。だが、この日の論文は間もなくロシア通信のサイトから削除された。クレムリン筋の指示だろう。何か理由があるに違いない。

アコポフはウクライナにおける「特殊軍事作戦」の発動によって、「新しい世界」と「新しい時代」が生まれたと述べる。「ロシアは一体性を取り戻そうとしている」。この場合の「ロシア」とは、狭義のロシア連邦ではない。「大ロシア人、白ロシア人、小ロシア人」で構成する「ロシア民族」「ロシア世界」を意味する。その版図は、大ロシア人のロシア、小ロシア人のウクライナ、白ロシア人のベラルーシに及ぶ。

大ロシア人の「大」には「大きい（ボリショイ）」ではなく「偉大な（ベリーキー）」というロシア語を当てている。小ロシアは帝政期のウクライナの呼称である。ウクライナでは蔑称と受け止める人が多い。白ロシア（ベロルシア）は、ソヴィエト連邦が崩壊する前の1991年9月に国名をベラルーシに変えた。これら東スラヴ人の地が3つの国に分かれた現状は、歴史の「不自然な逸脱」であり、放置はできない。プーチンはウクライナ問題の禍根を将来に残さないために「歴史的な責任を自ら引き受けた」とアコポフは語る。

アコポフによれば、ウクライナ問題を解決しなければならない根本的な理由は二つある。一つはウクライナを「ロシアを圧迫するための前進基地」にしてはならないという「安全保障の問題」である。ウクライナのＮＡＴＯ（北大西洋条約機構）加盟を阻止しなければならない。もう一つは「分断民族のコンプレックス」の克服と「傷ついた民族の自尊心」の回復である。そして、民族の心に関わる理由の方が「常に最も重要だった」。安全保障上の理由は「重要度において二次的なもの」にすぎないと言う。

このまま10年、20年とウクライナを放置すれば、この国を西側が「地政学的、軍事的」に完全に支配してしまう。そうなってしまっては、ロシアへの回帰がほぼ不可能になる恐れがあった。今やプーチンの決断によって「ロシア民族分断の時代は終わりつつある」。ウクライナは「ロシア世界の一部という本来の状態」に復帰する。しかし、必ずしも自立した国家の地位を失うわけではない。「アンチ・ロシア」としての存在を停止するだけである。その上で、現在のロシアにおいても「イデオロギー、社会経済構造モデルの新しい時代が始まる」とアコポフは予測するのである。ウクライナ、ベラルーシと一体化することで、ロシア自体も変革を遂げるというビジョンが示されている。

ロシアの変革についてアコポフは「もう少しあとで別の機会に語るべきだろう」と述べ、あえて踏み込んでいない。戦争の先には２０２４年のロシア大統領選挙が当然、視野に入ってくる。ロシア、ウクライナ、ベラルーシが東スラヴ人の連合体として歴史的一体性を回復した暁には、ロシアの大統領選挙は従来とは全く別の様相を帯びてくるに違いない。脳裏に描いているのは、偉業を果たした「皇帝」として歴史に再登場するプーチンの姿ではないだろうか。奇しくも2024年はロシアによるクリミア併合10周年に当たる。

ウクライナ侵攻を支えるプーチンの「汎ロシア主義」の骨格が、アコポフ論文には見事に描かれている。電撃戦でウクライナを制圧するという前提で執筆しているので、そこには見込み違いがあった。いったんは公式サイトに掲載されながら削除された理由は、それだけではないだろう。アコポフは「大ロシア」「小ロシア」という歴史的な呼称を使いつつ、帝国復活の野心を露骨に描いてしまった。それをクレムリンが時期尚早と判断したのかもしれなかった。

さらにアコポフはウクライナ侵攻について安全保障は「二次的」な理由にすぎず、最も重要であるのは「分断民族」であるロシア人の「自尊心の回復」であると述べている。安全保障で最大の焦点であるNATO拡大について、プーチン政権は前年12月、ウクライナ国境に大規模な部隊を集結させた上で、アメリカに合意文書案を提示している。アメリカが旧ソヴィエト諸国をNATOに加盟させず、東方に拡大しないことを2国間条約で明記し、ポーランドやチェコなどの東ヨーロッパ諸国がNATOに加盟する以前の1997年当時の状態に、軍備の配置を戻すことが主な内容である。当然ながらアメリカが拒否すると「我々の根本的な懸念を配慮していない」と反発して、侵略戦争の口実にした。

ロシアの国境にＮＡＴＯが迫っているので「自衛の戦い」を余儀なくされたとプーチンは言う。戦争は我々が仕掛けたのではなく、欧米が招いたのだと主張する。だが国内に紛争を抱えるウクライナがＮＡＴＯに加盟できる状態には全くない。加えて、冷戦が終結したあとでもロシアの脅威に備える必要を痛感してＮＡＴＯに加盟した中東欧諸国が、いわれのない軍備削減に応じるはずもない。プーチンはそれを百も承知で無理難題を突きつけているのだ。戦争には分かりやすい大義名分が不可欠である。それがＮＡＴＯ拡大の脅威なのだ。

「安全保障は二次的な理由」と明言したアコポフ論文は、プーチンが前面に打ち出している主張とは明らかにニュアンスが異なる。さらに、アコポフが安全保障より重視する民族分断の悲劇や歴史的正当性の回復という美学の向こうには、帝国主義に特有な領土拡大の野心も透けて見えてしまう。戦争目的はウクライナの「奪取」ではなく「解放」と強弁する立場とも齟齬が生じる。そのことを、あるいはプーチンが嫌ったか――。いずれにしてもクレムリンは、この論文を国民に読ませたくなかった。それは紛れもない事実である。本音と現実の間にはまだ落差があったのだろう。

アコポフ論文が提起した「ロシア世界」については、ロシアとベラルーシの関係にも着目しなければならない。両国は1999年にロシアと連邦国家を創設する条約を締結した。新連邦は2000年に発足したものの、政治、経済、軍事面での統合に実質的な進展はなかった。1994年以来、政権の座に居座る大統領ルカシェンコが、ロシアへの従属を嫌ったからだ。

プーチンは2002年、モスクワを訪れたルカシェンコに、ベラルーシをロシアに統合する提案をした。形骸化していた連邦制に見切りをつけ、ベラルーシはロシアの一部になるべきだという本音を突きつけたのだ。プーチンは、統一国家形成の是非を問う国民投票、統一議会選を経て、04年に統一大統領選挙を実施し、ロシア通貨ルーブルをベラルーシに流通させるロードマップを提示した。事実上の併合である。ルカシェンコは拒否し、「ロシア政府にはベラルーシを奪い取ろうとする人々がいる」と述べた。ベラルーシをのみ込んでしまおうというのは、おそらく今でもプーチンが秘めた本心ではないか。だが今はウクライナの方が、はるかに優先度は高い。その意味でも、アコポフ論文には先走りの感がある。

ルカシェンコは「ヨーロッパ最後の独裁者」と呼ばれる破天荒な人間だ。新型コロナに感染してもウオッカを飲めば治ると公言した。ヒトラーを笑い飛ばしたチャップリン映画「独裁者」を連想させる滑稽な味もある。慎重で細心なプーチンとは最初からウマが合わなかったらしい。プーチンが併合提案を突きつけたので個人的な関係は冷え込んだ。それでもベラルーシはロシアから安価に輸入した石油を精製して輸出することで、歳入の多くをまかなっているため、ルカシェンコはロシアとの関係を重視せざるを得なかった。プーチンが重視する独立国家共同体（ＣＩＳ）の統一経済圏構想などにも積極的に参加した。他方で、ロシアが２０１４年にクリミアを併合した時は、併合を承認するかどうか当初は曖昧《あいまい》な態度を取った。

ルカシェンコの足元が大きく揺らいだのが、２０２０年8月の大統領選挙である。選管はルカシェンコが80％を超える得票率で勝利したと発表した。それに対し不正選挙を主張する野党勢力に群衆が加わり、大規模な街頭抗議に発展した。数千人が拘束され、死者も出る事態となった。欧米は選挙結果を認めず、ルカシェンコは窮地に陥った。ノーベル賞作家で首都ミンスクに住むスヴェトラーナ・アレクシェーヴィチも公然とルカシェンコ辞任を求めた。最初は静観していたプーチンが、ルカシェンコの要請を受けて支援に乗り出した。治安部隊を国境に集結させ、武力介入も辞さない姿勢で威嚇した。ロシアの後ろ盾を得たルカシェンコは反対派を徹底的に弾圧し、反政府運動の波は収縮していった。野党の大統領候補チハノフスカヤとアレクシェーヴィチは出国を余儀なくされた。

反対派の抑圧に豊富なノウハウを持つロシアの治安機関が陰で暗躍したことは疑いない。カリスマ性のある人物を個別に除去して危険な勢力の求心力を弱めるのは、旧ソヴィエト時代からKGB（国家保安委員会）が磨き上げた手法だ。アレクシェーヴィチはドイツで「プーチンは民主主義を恐れている」と語った。民主化の波が隣国からロシアに押し寄せれば、独裁体制の存続基盤を脅かす。群衆の力を恐れ、失脚の恐怖を心底に秘めたプーチンの姿を、作家の心眼は捉えていた。

ルカシェンコはプーチンに大きな借りをつくった。見返りとして長年の中立・非核路線を捨て、ロシア軍の国内駐留を認めた。ロシアが差し出す「核の傘」の下に身を置き、独立国家の誇りを捨て、ロシアを「兄」と認めた。ベラルーシ軍との合同演習を名目に国境に集結したロシアの大軍がウクライナに攻め込んだ。しかし、ベラルーシ軍は国境を越えようとはしなかった。ルカシェンコはプーチンとの間に、明らかに一定の距離を置いている。ロシアとベラルーシの同盟関係は、アコポフの言う「歴史的一体性」とはまだ乖離《かいり》していた。

6、強制連行

ウクライナを侵略したロシア軍は、占領地で多くの住民を殺しただけでなく、ロシアへ強制連行した。その数は優に１００万人を超え、なお増え続けている。ウクライナ副首相のイリナ・ベレシュチュクが２０２２年6月中旬に明らかにした集計によれば、強制連行されたウクライナ国民は約１２０万人に達した。このうち約24万人が子供で、約２０００人が孤児であるという。ロシア国防省は同時期に、子供約30万人を含む１９３万人超がウクライナから「退避」したと公表した。

ウクライナ東部紛争の状況を監視するＯＳＣＥ（欧州安保協力機構）にアメリカが派遣している大使のマイケル・カーペンターは２０２２年4月末、ＯＳＣＥに対する報告で、ロシア軍が住民の強制連行に際し身元などを調べる「選別収容所（filtration camps）」を各地に設営していると明らかにした。収容所には学校や公民館などを充て、住民を拘束した上で「ウクライナ政府機関、自立メディアとの関係」などを徹底的に調べ上げる。関係が疑われると「殴打や拷問の末に、いわゆるドネック人民共和国に移送する」。ドネックに送られた住民は「行方不明となったり殺害されたりしている」と強い懸念を表明した。

多くの住民が選別収容所を「通過」してロシアへ連行されている。カーペンターは収容者が受ける扱いについて「我々が得た情報によれば、ロシアは誘拐、拷問、殺人に手を染めている。対象には選挙で選ばれた地元の指導者、ジャーナリスト、市民活動家、宗教の指導者らが含まれる」と述べた。

ロシアの選別収容所には古い歴史がある。第二次世界大戦でナチス・ドイツ軍の侵略を受けたソヴィエト連邦では、ドイツが一時的に占領した土地の住民や、ドイツ軍の捕虜となった軍人が、スパイであったかどうかを調べるために、内務人民委員部（NKVD）が戦時中に選別収容所を設置した。スパイに対して病的な警戒心にとらわれたスターリンの下では、外国人との接点がある人物は、全て潜在的なスパイと疑われた。多くの国民が確かな嫌疑もないのに、選別収容所から遠隔の強制収容所へ送られて過酷な環境で命を落としたり、重労働を強いられたりした。

　選別収容所は１９４１年に発足し、戦争が終わってからも数年にわたり存続した。現代においても、ソヴィエト連邦崩壊の前後に激しい独立紛争が起きたカフカス地方のチェチェン共和国で復活を遂げた。独立を目指す武装勢力が住民を装って潜伏しているという前提で、住民を容赦なく拘束して調べた。住民と戦士を選別することに、そもそも無理があったので、少しでも疑いがあれば連行され、多くは殺害された。男だけではなく女でも容赦はしなかった。地中に穴を掘った土牢に閉じ込め、電気ショックで苦痛を与えた。女性には性的な辱めを加えた。尋問は連邦保安局（ＦＳＢ）の係官が主に担当した。尋問と拷問の間に明確な区別はなかった。

　チェチェン紛争の取材を通じプーチン体制への批判を続け、最後は凶弾に倒れたジャーナリストのアンナ・ポリトコフスカヤは「選別収容所」の実態を具体的に記録している。彼女自身が拘束されて死の恐怖を味わった経験もある。現在のウクライナにおいても、選別収容所で主要な役割を果たしているのはＦＳＢだという。拷問も殺人もためらわないはずだ。拷問はロシアの治安機関が育んできた悪しき伝統技術である。スターリンはスパイの嫌疑をかけた民族を、丸ごと貨物列車に載せて遠隔地に追放した。チェチェン人もクリミアタタール人も中央アジアへの強制移住を経験した。プーチンも「兄弟」と呼ぶウクライナ人を虐殺し、強制的に連行している。

ウクライナにおける選別収容所は「アンチ・ロシア」の芽を完全に摘み取るために運用されている。断片的に伝わる体験者たちの証言を総合すると、身分証明書で身元を確認、記録し、必ず指紋を取り顔写真を撮る。携帯電話の通話記録やネットの閲覧記録、保管した写真や連絡先を仔細《しさい》に調べる。データが事前に消去されていれば、それだけで嫌疑濃厚と判断される。男は全身裸にする。ウクライナ民族派との関わりを連想させるような入れ墨の有無を確認するためだ。銃器を扱った経験があるかどうかを調べるために、腕、肩、指に特有のタコができていないかも点検する。

口頭尋問では、今回の戦争についての意見を言わせたり、ゼレンスキー政権に対する立場を語らせたりする。家族や親戚に政治家や公務員、軍人、ジャーナリストがいるかどうかも質問する。ジャーナリストは中立の存在ではなく敵である。前線では取材中のウクライナのジャーナリストがロシア兵に殺されている。長い尋問で疲れさせた上で同じ質問を繰り返し、回答にほころびが生じないかを観察する。このようにして、行き先が決まるまでに、相当の日数がかかる。その間は床に寝て夜を過ごさねばならない。新たに連れて来られた住民は、外で待機を強いられる。1週間を車の中で過ごしたという家族もいた。原則として車の外には出してもらえない。

反ロシアの疑いが生じた住民は、ドネツク人民共和国の収容所に送り、さらに厳しい調べを受けるか「処分」されるかの運命が待ち受けている。残りはクリミアやベラルーシなどを経由してロシアに送り込まれる。地元に戻される人々の場合でも、定期的に選別収容所で申告を強いられる。尋問を終了した記録がなければ、街の中を移動することすら許されない。

激しい戦闘の末にロシア軍が占領したマリウポリの市長ボイチェンコは退避先での記者会見で、マリウポリに入るときでさえ、選別収容所を通過しなければならない実情を深く憂えた。通行証は定期的に更新しなければならない。人によって有効期間が違うという。市長によれば占領軍は「パルチザンが市中に潜入する事態を恐れている」。マリウポリでは約2万2000人の市民が犠牲となり、市街地の大半は人が住めない焦土と化した。それでも約10万人の市民が残り、厳しい監視下の生活に耐えている。

マリウポリの市長顧問アンドリュシェンコは、同市からアゾフ海沿いに東へ約25キロ離れたベズゥイミャンノエという町で選別収容所の中を撮影した動画を入手して公開した。ロシア軍はマリウポリの3つの地区から、全ての男を連れ去り、約2000人がベズゥイミャンノエの小学校など2カ所の施設に収容された。私物の携行は一切許されなかった。身元を示すパスポートなどは没収された。

尋問は2週間続き、体育館や廊下の床で眠らなければならない。画像に映る人々は動きが緩慢で昼間でも寝たままだ。衰弱した様子が分かる。病人や身体障害者は一室に集められた。治療や服薬は許されていない。「ひどい悪臭だ」という声も動画は記録している。容体が悪化した住民のために、収容者たちが救急車を要請するよう求めたが拒否され、この住民は死亡した。結核患者が出た一室は、他の収容者もろとも隔離された。アンドリュシェンコによれば、衛生環境は悪化するばかりで病人が増加している。一人は逃亡を試みたが捕まり、ひどく殴打された。朝と夕の2回点呼がある。逃亡者が発覚すれば、残った収容者を拷問すると脅迫されている。銃を持った兵士に見張られて町の清掃など屋外の労働に使われることもある。

ロシア軍はベズゥイミャンノエの収容者にウクライナ軍の制服を着せて、マリウポリまで連れて行き「捕虜の行進」という見世物にした。肉体だけでなく精神も徹底的に痛めつけて、親ロシアの従順な市民に改造しようとしている。

留守宅に残された女性たちも苦難の日々を送っている。ロシア兵は男が消えた街で略奪をほしいままにしている。住宅にも踏み込んでくる彼らに対し、女性たちは暴行が怖くて何もできない。アンドリュシェンコは「マリウポリは正真正銘のゲットーになってしまった」と嘆いた。

イギリスのメディア「iNEWS」は2022年5月末、ロシアの地方紙の報道を丹念に調べて、強制連行されたウクライナ人を収容する施設がロシア全土に66カ所あると報じた。範囲はシベリア、カフカス、北極圏、極東のカムチャツカ半島やウラジオストクまで広範囲に及ぶ。サナトリウム、子供用のキャンプ場などさまざまな施設に加え、かつての化学兵器工場までが宿泊場所になっている。

ロシアは深刻な人口減少に悩んでいる。戦争を始めて死傷者が予想以上に増えたあとで、ソヴィエト時代にあった「母親英雄」の制度を慌てて復活させた。4人以上の子どもを育てる女性に記念メダルと20万ルーブル、7人以上なら勲章と50万ルーブル、10人以上なら「母親英雄」の称号と100万ルーブルの一時金を支給するというのだ。兵士も労働力も不足している。従順な「臣民」に改造できるウクライナ人は生かして働かせ、将来ロシアに歯向かいそうな危険分子は今のうちに抹殺してしまおう。そのようにプーチンは考えているらしい。

圧政下のロシアにあってさえ、人間らしい良心と勇気は健在である。祖国から無理やり引き離されたウクライナ人の逃亡と帰国を助ける地下組織があるという。彼らはウクライナ人を自宅にかくまい、列車の切符を買い与え、各地の仲間の協力を得て祖国へ送り届ける活動に取り組んでいる。ロシアでは命がけの行為である。活動家の一人がiNEWSに語っている。「この国は彼らを単なる労働力としかみていないのです。人間としての願いなど顧みずに、あちらこちらと連れ回すだけでしょう。面倒を見る気持ちなどないのです。彼らは弱い立場にあって助けを必要としています」。プーチンに希望はない。だがロシアには救いがある。

第二章　不信の底流

1、宿敵

2011年3月10日、モスクワを訪問したアメリカの副大統領バイデンは、首相プーチンと対面した。前日には大統領メドベージェフと会談していた。「タンデム（双頭）体制」と呼ばれる特殊な支配形態の下にあるロシアでは、実質的な指導者はプーチンである。バイデンはアメリカがヨーロッパに配置したミサイル防衛システムについて、イランからの攻撃を迎え撃つためだと説明し、ロシアへの脅威ではないことを強調した。バイデンは持参した地図を取り出して迎撃ミサイルの軌道を説明した。プーチンは全く聞く耳を持たなかった。別室に控えていた軍事顧問を呼び入れて激しく反論した。

バイデンの回想によれば、会談はとげとげしい雰囲気で数時間に及んだ。プーチンはブッシュ前政権がロシアに嘘をついたと言い、アメリカのこれまでのロシア政策に不満を並べたてた。ロシアがジョージアの南オセチアを占領している問題で、バイデンは主権侵害に当たるとの考えを伝えつつも「ジョージアのサーカシュヴィリ大統領とは定期的に電話で話し、挑発的な行動を慎むよう求めています」と伝えた。プーチンは「あなたがサーカシュヴィリ大統領に電話で何を語っているか、我々は逐一把握していますよ」と応じた。

ミサイル防衛をめぐる対立が解けないまま、会談が終わろうとしていた。バイデンは一息入れて室内を見回し、凝った調度品を褒めてからプーチンに視線を据えた。そしてほほ笑みながら言った。「首相、私は今あなたの目を見ていますが、あなたには魂というものがないようですね」。前大統領ブッシュがプーチンの目を見て「彼の魂を感じた」と述べた逸話を踏まえて、辛辣《しんらつ》な皮肉を放ったのだ。プーチンも笑みを浮かべて応じた。「お互いに分かり合えたようですね」。バイデンは「彼は、ほぼ全ての点において我々の信頼に値しない指導者であることを自ら証明しているように思えた」と述懐している。

バイデンはこのあと、モスクワ大学で講演し「アメリカとロシアは過去の不信を乗り越えた」と述べた。実際は、やがて共に大統領として渡り合うバイデンとプーチンの間に、ぬぐい難い不信が生じていた。その日のうちにロシアの野党指導者たちと懇談したバイデンが、プーチンの大統領復帰に反対するような発言をしたのは、不愉快な会談の余韻が残っていたからだろう。バイデンはこう明言したのだった。「プーチン首相は来年の大統領選に立候補しないでしょう。なぜなら、それは国にとっても本人にとっても良くないからです」。この言葉がロシアのメディアで報じられ、物議を醸したことは、あとで触れることにしよう。バイデンは２０２２年のウクライナ戦争で、再びプーチンの辞任を公然と求めるようになる。

「宿敵」とも言うべき関係は、戦争の10年以上も前に生まれていた。

オバマ政権発足当初の２００９年からバイデンがウクライナ情勢に深く関与していたことも、プーチンとの確執を強めた理由だった。プーチンは旧ソヴィエト連邦諸国の中ではウクライナを最も重視していた。ロシアにつなぎ留めておくために惜しげなく政治的資源や資金をつぎ込んだ。一方のバイデンも、ロシア寄りとみられた大統領ヤヌコーヴィチを相手に関係を維持していた。プーチンがそれを知らなかったはずはない。

２０１４年２月にウクライナで起きた「ユーロマイダン革命」で、クレムリンは街頭に繰り出した野党勢力に対して断固とした措置が必要であるという立場を取った。治安部隊と群衆の衝突で多数の死傷者が出ると、バイデンはヤヌコーヴィチに何度も電話を入れて「治安部隊の撤収と自制」を求めた。ヤヌコーヴィチが政権を投げ出してロシアに逃亡する前日にも電話で話をしている。アメリカは国務次官補のヌーランドをキーウに送り込んで、裏工作に従事させた。プーチンはのちに、キーウのアメリカ大使館が独立広場の野党勢力に対して一日100万ドル相当の支援をしていたと主張した。

アメリカとロシアが水面下でウクライナの奪い合いを展開していたのだ。アメリカ側の司令塔はバイデンだった。ヤヌコーヴィチは二つの力に操られ、右往左往しているうちに求心力を失った。2022年のウクライナ戦争では、ヌーランドは国務次官に、バイデンは大統領に、それぞれ昇格してプーチンと対決する。ユーロマイダンではアメリカが勝利した。

プーチンは素早く反撃した。ロシア黒海艦隊の基地があるクリミア半島に軍を展開させて併合し、ウクライナ東部にも軍を送り込んで親ロシア派勢力とウクライナ中央政権が戦う血みどろの地域紛争を創出した。

ウクライナはまたも困難な状況に追い込まれた。2014年5月の大統領選挙の結果、欧米寄りの大統領ポロシェンコと首相ヤツェニュークによる新体制が発足した。実業家のポロシェンコと経済学者のヤツェニュークは、それぞれ別の政党を率いている。内部対立に明け暮れるウクライナ政治の悪弊が出て効果的な指導体制を構築できない。ポロシェンコ政権は麻痺状態に陥る瀬戸際まで追い込まれようとしていた。またもロシアが混乱に付け込む危険が強まっていた。バイデンはポロシェンコとヤツェニュークに繰り返し電話を入れて協力体制の構築を説得した。とうとうしびれを切らせて、11月にキーウを訪れ直談判しなければならなかった。

ウクライナ東部の紛争は泥沼化していた。２０１４年9月に「ミンスク１」の休戦協定が調印された。それでも流血は止まらなかった。死者も国内避難民も増える一方だった。危機感を強めたドイツとフランスが仲介して、15年2月の「ミンスク2」を準備する。その過程にバイデンも舞台裏で深く関わった。ミンスク2交渉を目前に控えた15年2月6日から、恒例のミュンヘン安全保障会議が3日間の日程で開催された。ドイツ首相メルケルの演説にバイデンは失望した。メルケルはウクライナの領土保全と主権の尊重に関して「国際法が破られている」と明言した。だが、ロシアが露骨に介入する東部紛争をめぐり、ウクライナ軍に武器を提供する可能性については「兵器を提供することではウクライナの進歩は達成できない」と明確に否定した。

メルケル演説のあと、バイデン、ポロシェンコ、メルケルによる話し合いが始まった。会議室の片隅にある小さなテーブルを3人が囲んだ。いかにも内輪の相談という光景だった。プーチンがミンスク1の合意を無視して軍事介入を拡大させていることにメルケルは怒っていたものの、ミンスク2をまとめるためには妥協が必要だとの立場を貫いた。プーチンには「逃げ道」を用意しなければならないと言った。バイデンは、プーチンがロシアの戦車を撤退させ、国境管理権をウクライナに返すことが先決であると主張した。ポロシェンコの肩を持ったのだ。

ロシアに対し原則を貫くアメリカと、現実的な妥協を重視するヨーロッパとの間では、常に足並みが乱れる。この時も例外ではなかった。プーチンはいつも、そこに付け込んでくるのだった。バイデンは「会議が終わるころには、メルケルは私に不満を抱いている様子だった」と回想している。

その直後にバイデンは本会議で演説した。実はメルケルの演説がウクライナへの軍事支援に及び腰だったため、ポロシェンコらとの3者協議の間に自分の演説原稿を手直しするよう側近に命じてあった。アメリカは、ウクライナへの軍事的支援を明確に打ち出す必要があると判断したからだ。「プーチン大統領はこれまで何度も和平の約束を破ってきました。我々はウクライナが自国を守れるように、引き続き安全保障上の支援を提供します」「ロシアに今のような行動をする権利はありません。ウクライナには自国を守る権利があるのです」。バイデンはこのように述べ、ウクライナ軍に装備を供与する必要性を強く訴えた。アメリカは既に、地上戦で使用する特殊レーダーなどをウクライナに提供していた。攻撃兵器の供与には踏み切っていなかったが、装備や訓練で今後もウクライナを支える姿勢をはっきりさせたのだった。

演説が終わると共和党の上院議員マケインがバイデンに近づき演説を称賛した。マケインは対ロシア強硬派の重鎮である。ロシアやウクライナの問題に限っては、バイデンの考え方は共和党保守派と大きな違いがなかった。バイデン演説の内容は、プーチンもすぐに報告を受けたはずだった。5日後のミンスクでは、プーチンとメルケルがポロシェンコを押し切る形で合意が形成された。ドイツとフランスにとっては、民主主義や国際法の原則より、ヨーロッパに隣接するウクライナで紛争を制御可能な程度に凍結することの方が重要だった。

その年の12月、バイデンはウクライナ最高会議で演説し、ユーロマイダンで犠牲になった

「ヘブンリー・ハンドレッド（天上の100人）が成し遂げようとしたことは、今やあなたがたの義務になったのです」と訴え、健全な民主主義と法治主義の確立を訴えた。しかし腐敗した政治は機能不全に陥り、国民の失望は深まるばかりだった。その間、プーチンは着々と軍事力の増強に努め、ウクライナの奪取という野望をかなえる機会をうかがっていた。

2021年1月に念願の大統領に就任したバイデンと、2000年以来、一貫してロシアの実権を握り続け、ウクライナ侵略という総仕上げの事業に乗り出したプーチンとの間には、長年の不信が渦巻いていたのだ。

2021年1月26日、バイデン政権は二つのシグナルを発した。ロシア政府と共に、2月5日に期限が切れる「新戦略兵器削減条約（新ＳＴＡＲＴ）」の延長で合意したと発表した。新ＳＴＡＲＴは、世界の核弾頭の9割を保有する米露の間に唯一残る核軍縮条約である。トランプ前政権は、プーチンが呼び掛けた「無条件の延長」を拒否した。延長の条件に、ロシア戦術核の数量公表と制限、将来の核軍縮交渉への中国参加などを盛り込んだ枠組み合意を求めたのに対し、ロシアは応じていなかった。

一方でバイデンは同じ日に、就任後初めてプーチンと電話で会談し、ロシアが関与したとみられるアメリカ政府機関や企業への大規模なハッキングや、ロシアの反体制派ナワリヌイの毒殺未遂を批判した。アメリカや同盟国の国益を損なう動きには「断固として対応する」との考えを強調し、ウクライナの主権を尊重する立場も改めて確認した。アフガニスタンの反政府武装勢力タリバンの関連組織にロシアが報奨金を提示して、駐留アメリカ兵の殺害を依頼したとの情報についても取り上げた。2月にはロシアによるクリミア併合に関して声明を発表し「ウクライナと共にロシアの侵略行為に立ち向かい、ロシアの責任を問い続ける」との立場を公表した。バイデン政権の基本姿勢として、相互に利益となる分野では協力しつつ、人権や民主主義の原則に反すれば、たとえ第3国の問題であってもアメリカは容認しないというメッセージを発したのだった。

バイデン政権は3月、ロシアの連邦保安局（FSB）が猛毒の神経剤ノビチョクを使って、ナワリヌイの殺害を図ったと断定し、ロシア政府高官らを制裁の対象にしたと発表した。前大統領トランプとは異なり、人権や民主主義という価値観を外交の分野でも重視する姿勢を打ち出した。

アメリカの情報機関を統括する国家情報長官室は3月に報告書を発表し、前年の大統領選でロシアの政府機関が大統領プーチンの許可を受けて、共和党候補で現職だったトランプに肩入れし、民主党候補だったバイデンを中傷する活動を展開していたと結論付けた。ロシアはバイデンが「反プーチン」路線を取ると予想していたためだと説明した。

バイデンは3月、アメリカのテレビ記者から「あなたはプーチン氏を知っている。彼は人殺しと思うか」と質問を受け、「そう思う」と答えた。ナワリヌイに限らず、ロシアではプーチンを批判する記者や活動家の不審死が相次いでいた。ロシア外務省は猛反発し、駐米大使を一時帰国させた。プーチンは「人は他人を評価する際、実は鏡の中の自分の姿を見ている」と述べた。「お前のすねにも傷があるだろう」という感じである。その上で「健康を大事にしてほしい」と高齢のバイデンを憐れむようなことを言った。

このころから、ウクライナ国境とクリミア半島でロシア軍の部隊が集結する動きが目立つようになった。バイデンはプーチンに首脳会談を提案し、2021年6月にジュネーブで会談した二人は共同声明を発表する。「戦略的分野における予測可能性」を確保し、「武力衝突の危険性や核戦争の脅威を低減させる共通の目標に向けて前進する」とうたい上げた。個別の記者会見でバイデンは「民主主義、普遍的権利、基本的自由」を守るのは大統領の「信義」であると述べ、プーチンが毛嫌いする価値観外交の推進を明言した。プーチンも一人で会見し「越えてはならない一線が何を意味するかは互いに分かっている」と意味深長な発言をした。両首脳は引き揚げていた大使の相互帰任でも合意し、緊張は緩和されたかに見えた。

しかし、ウクライナ国境ではロシア軍の増強が続いた。12月には「早ければ来年初めにも攻撃開始」との見出しがワシントン・ポスト紙に踊った。バイデンとプーチンは同月と翌2022年2月に電話で会談した。プーチンが突きつける条件は、歩み寄りを想定したものとは既にみなされなかった。バイデンは1月、記者たちに「彼は行動を起こすだろう」と言った。2月には「プーチン大統領が決断したと信じるに足る理由がある」と踏み込んだ。

北京冬季五輪の閉幕を待ち受けていたように、ロシア軍が2月24日にウクライナへ侵攻すると、バイデンのプーチンをののしる言葉は激しさを増すばかりだった。当初は敬称を付けていたが、間もなく「プーチン」と呼び捨てるようになった。「侵略者」「国際社会ののけ者」「戦争犯罪人」から「人殺しの独裁者」「根っからの悪党」へとエスカレートし、「虐殺者」とまで呼んだ。2月末には「権力の座にとどまってはならない」と公言した。しかし、

6月にはプーチン政権の存続を容認する立場に修正し、戦争の終結を探る思惑もにじませるようになった。各国が戦争の落としどころを探り始めていた。ただ一人プーチンだけが、目的を貫徹するとの立場を変えなかった。

2、ワニの涙

かつてアメリカの駐ロシア大使を務めたマイケル・マクフォールによれば、ジョー・バイデンは「考える前に言葉が口を突いて出る男」である。2011年3月、当時民主党のオバマ政権で副大統領であったバイデンは、モスクワを訪れて首相プーチンと会談した。前日には大統領メドベージェフとの会談で、リビア軍事介入にロシアは反対しないとの感触を得ていた。外交は大統領の管轄という建前があった。プーチンはリビアについては深入りを避けた。だがエジプトでムバラクを見捨てたアメリカを批判し、シリアのアサド大統領を支持する姿勢を示した。

会談の数時間後、バイデンはアメリカ大使公邸でロシアの野党指導者たちと懇談した。ロシアでは1年後に大統領選挙がある。メドベージェフが続投するのか、プーチンが復帰するのかが「タンデム（双頭）体制」の下で最大の焦点となっていた。バイデンは懇談の席でロを滑らせた。プーチンは大統領に復帰するべきではないと言った。マクフォールによれば「明らかに外交儀礼に反する発言だった」。プーチンの復帰に違法性はなかった。副大統領という地位を考えれば、内政干渉のそしりを免れない。

参加者の一人が退席してロシアの記者に耳打ちをした。公邸での懇談が終わらないうちに、ロシアのメディアは「アメリカ副大統領がプーチン復帰に反対」と速報した。プーチンが見逃すはずはない。遺恨は長く尾を引いた。11年後のウクライナ戦争では、二人は敵同士となってののしり合う。

2011年の11月、プーチンは与党「統一ロシア」の大会で大統領選挙への出馬を表明し、当選すればメドベージェフを首相に据える考えを明らかにした。「我々の間では以前から合意されていた」と述べた。これも失言だった。身内同士でポストを交換する安易さが国民の反発を買った。既に憲法改正がなされ、次期大統領から任期は4年から6年に延びることが決まっていた。プーチン体制がさらに2期12年も続くのかという幻滅感はぬぐえなかった。同じ月にプーチンは格闘技の試合会場を訪れた。最前列で見物したあと、勝者をたたえるためにリングに上がると、観客からブーイングを浴びた。屈辱の体験だった。

12月の下院選挙で統一ロシアは、過半数を維持したものの、議席を大幅に減らした。選挙戦では大規模な不正が横行した。地方の知事や有力者は、地元で与党の票が減ると進退問題となる。得票率を上げるためには手段を選ばない。それがプーチン体制下の選挙では常態化していた。投票用紙を束ねて投票箱に入れる人物の姿や、何カ所も投票所を巡って投票を繰り返すバスツアーの実態が動画投稿サイト「ユーチューブ」などで暴かれた。4年前の選挙とは異なり、ソーシャルメディアが格段に普及していた。

この時に重要な役割を果たしたのが、民間の選挙監視団体「ゴロス」であった。「ゴロス」とはロシア語で「声」を意味する。ゴロスは投票所に運動員を配置して不正を現認した。またゴロスの呼び掛けに応じて、若者たちが不正の証拠を集め、SNSで拡散させた。アメリカはゴロスに資金を供与していた。ロシアに公正な選挙を根付かせるための支援と位置付けていた。プーチンは政権転覆の策動と受け止めた。

人々は不正の実態に目を見張り、怒りを募らせ、とうとう街頭に繰り出した。モスクワでは数万人、全土で数十万人が怒りの声を上げた。これだけの群衆が街頭を埋めるのは、ソヴィエト連邦が崩壊した1991年以来である。反政権デモは年をまたいで断続的に燃え盛り、大統領選挙まで1カ月となった2012年2月には、群衆が「プーチンのいないロシア」と叫んだ。大統領選挙では得票率63・60％のプーチンが17・18％の共産党委員長ジュガーノフを抑えて当選した。ただ、モスクワでの得票率は46・95％と過半数を割った。都市部の中間層でプーチン離れが進んだ。

当選を決めたプーチンは3月4日、クレムリン脇の広場に集めた支持者の前で勝利を宣言した。彼は「ロシアの国家体制を破壊し、権力を奪取するようなシナリオは、我々の国では通用しない」と述べた。前の年には「アラブの春」が吹き荒れていた。チュニジア、エジプト、イエメン、リビアで専制的な指導者が失脚した。エジプト大統領のムバラクは死刑を求刑され、終身刑となった。リビアのカダフィ大佐は惨殺された。群衆の怒りに火がつけば、政権を倒すほどの破壊力を持つことに、プーチンは恐怖感を募らせていたに違いない。そして群衆の背後には、常にアメリカの策謀があると疑っていた。

プーチンは下院選挙に先立つ2011年11月、「幾つかの外国」がロシア国内の一部勢力に金を払い、「指令を出して『相応の仕事』をするようそそのかしている」と述べた。名指しは避けたものの、明らかなアメリカ批判である。03年にジョージアで起きたバラ革命、04年にウクライナで起きたオレンジ革命の背後にも、プーチンの視線はアメリカの策謀を捉えていた。モスクワを訪れたバイデンが自分の復帰に反対したのは「失言」ではなく、アメリカ政府の「方針」であると考えたとしても不思議ではなかった。

勝利宣言をしたプーチンの目は涙に濡れていた。それをカメラの望遠レンズが鮮明にとらえた。感動や喜びの涙ではなかった。獲物をだましたり、食べたりするときに流す偽善の「ワニの涙」であっただろう。プーチンは政権への不満に耳を傾けるどころか、徹底した弾圧へと舵を切った。就任後わずか2カ月で、外国の資金提供を受けて政治に関わる活動をするNGOを「外国のエージェント」として法務省に登録する法律を成立させた。

「外国のエージェント」に指定されると、財務や活動の内容を年に2回報告しなければならない。報告義務に違反したり、違法行為を煽《あお》ったと認定されたりすれば最長3年の懲役を科される。最もつらいのは「裏切り者」の汚名である。ロシアでは「外国のエージェント」という言葉には特別の響きがある。1937年3月にソヴィエトの独裁者スターリンが共産党中央委員会総会で行った演説を引こう。

「第一に外国のエージェントによる妨害、破壊、スパイ行為が、我が国の経済、行政、党などあらゆる組織のさまざまな階層を損なっている。第二に、トロツキストを含む外国のエージェントは下層の組織のみならず、責任ある地位にも浸透している」

37年はスターリンの独裁下で多数の要人や国民が「スパイ」の汚名で投獄されたり銃殺されたりした「大テロル」が吹き荒れた。「外国のエージェント」とは、当時から「スパイ」「走狗《そうく》」「工作員」を誤解の余地なく意味していた。「外国のエージェント」法の対象は当初、ゴロスなどのNGOだった。やがてメディアや世論調査機関にも拡大した。ウクライナ侵攻後の2022年6月には、外国人も指定対象になる。

「外国のエージェント」に指定されても活動を禁止されるわけではない。だが記事やサイトの冒頭に次のような文面の掲示を義務付けられる。

「この報道は外国のエージェントである外国報道機関ないしは、外国のエージェントであるロシアの法人によるものである」

まるで「私はスパイです。これはスパイが書いた記事です」というプラカードを首からぶら下げているようなものだ。その結果、インターネットメディアの命綱である広告収入は皆無となり経営が悪化する。やがて記者の雇用が困難となる。識者や専門家が災いを恐れて取材に応じなくなる。スパイの協力者という汚名を恐れるからだ。相手を辱め、真綿で首を絞めるような追い詰め方には、プーチンの性格がうかがわれる。

プーチンが「外国のエージェント」を嫌悪して社会のさらし者にするのは、やがて群衆が自分に牙を向く悪夢が覚めないからだ。公正な選挙で政権が交代する制度が根付かない国では、長期独裁の矛盾が制御できなくなると人々は必然的に街頭に繰り出す。意志を現実化する手段がほかにはないので、改革を求めるエネルギーは体制を破壊する暴力性を帯びる。暴動の芽を事前に摘み取るのが帝政時代から治安機関の仕事だった。プーチンはＫＧＢ（国家保安委員会）の人間である。

ＫＧＢ議長を15年間務めた旧ソヴィエト連邦共産党書記長アンドロポフも群衆に対する恐怖感から生涯解放されなかった。ハンガリーでは１９５６年に、学生や労働者が頑迷な体制に反旗を翻した。アンドロポフは大使として、この動乱を現地でつぶさに見た。ソヴィエト軍の最初の介入で「正常化」の兆しがみられたため、部隊の引き揚げが検討された。アンドロポフはハンガリー共産党員の遺体が樹木や街灯につり下げられた写真をフルシチョフに送り、さらに軍事介入を促した。

アンドロポフは「下からの改革」が、どのような結果を招くかを思い知った。荒れ狂う群衆を恐れる心理を、ソヴィエトの反体制歴史家ロイ・メドベージェフは「ハンガリー・コンプレックス」と呼んだ。ゴルバチョフの伝記を執筆したアメリカの歴史家トーブマンによれば、「半世紀を経てロシアのウラジーミル・プーチン大統領も同じ強迫観念にとりつかれた」。ソヴィエトがハンガリー動乱について示した公式見解は、西側の帝国主義者が右翼反革命を策動したというものであった。群衆の背後にアメリカの策動を捉えるプーチンにも、同じコンプレックスが作用している。体制を危険にさらす群衆の衝動を放置してはならない。アンドロポフは「上からの改革」に取り組む必要性を感じ、ゴルバチョフを登用した。プーチンは対外侵略に、そのはけ口を求めた。

3、連邦再編の野望

プーチンの施政は3期に大別できる。2000〜08年までの「プーチン1」は、ソヴィエト連邦崩壊で混乱した政治の安定と経済の回復に取り組んだ。民主化は後退したが、安定の代償として国民はそれを受け入れた。「安定と成長」の時代である。08〜12年の「プーチン2」は、自らが首相の地位に転じ、大統領に据えたメドベージェフと「双頭体制」を敷いた。メドベージェフはアメリカ大統領のオバマと、悪化していた両国関係の「リセット」を宣言した。「リセット」は新ＳＴＡＲＴ（新戦略兵器削減条約）、イラン制裁、ロシアのＷＴＯ（世界貿易機関）加盟などに結実した。プーチンがアメリカを敵と見定めて12年に大統領に復帰する前後から、欧米との緊張が再び高まる。「プーチン３」では、旧ソヴィエト連邦圏の再編という野心的な戦略が前面に出てくる。

プーチンは２０１１年10月４日のイズベスチヤ紙に「ユーラシア統合の新たな計画――今日から生まれる未来」と題した論文を発表した。まだ首相の地位にあったとはいえ、翌年の大統領復帰は確実だった。論文は事実上の選挙綱領と言えた。ロシア、カザフスタン、ベラルーシで構成する関税同盟は、この年７月から国境の税関検査を廃止していた。プーチンの計画では、関税同盟と既存のユーラシア経済共同体を基盤に「ユーラシア経済連合」を創設し、やがては「ユーラシア連合」に移行させる。経済統合を政治統合に進化させるもくろみだった。

「国家を超越した強力な統合を提案する。現代世界の一つの極として、ヨーロッパとダイナミックに発展するアジア太平洋地域を効果的につなぐ絆の役割を果たす」。行間からは、ソヴィエト連邦崩壊以来、ばらばらになっていた国々を自分がまとめ上げる時が来たという高揚感が伝わってくる。「超国家」という表現は各国の警戒を招きかねない。プーチンは「ソヴィエト連邦の復活ではない」と強調した。だが旧連邦構成国を束ねる帝国としてロシアが再びユーラシアに覇を唱える野望は覆うべくもなかった。アメリカの国務長官クリントンは「周辺地域をソヴィエトに再編する動き」と批判した。

ヨーロッパとアジアをつなぐために、地政学的に最も重要な役割を担うべきは、４５００万人の人口を有し、かつてはソヴィエト第2の大国だったウクライナである。経済規模でもカザフスタンやベラルーシを凌駕する。この時点でウクライナにとって最大の貿易相手はロシアであり、ロシアにとってもウクライナは貿易相手として3位を占める間柄にあった。ウクライナには約１０００万人のロシア系住民がいる。ロシアにも約４００万人のウクライナ系住民がいた。まさにスラヴの「兄弟国」である。プーチンはユーラシア連合をヨーロッパ連合（ＥＵ）と比肩できる国家連合に育てると豪語していた。ウクライナの加盟は至上課題であった。

ウクライナでは２０１０年の大統領選挙で、ドンバス出身のヤヌコーヴィチが決選投票の末に、オレンジ革命の立役者だったティモシェンコを僅差《きんさ》で破り前回の雪辱を果たした。ヤヌコーヴィチは2月の就任演説で「軍事ブロックに属さないヨーロッパ国家」を目指すと言明し、ユーシチェンコ政権が掲げたＮＡＴＯ加盟の方針を撤回した。４月にはメドベージェフとウクライナ東部ハリコフで会談し、セヴァストーポリのロシア黒海艦隊基地の使用期限を、２０１７年から25年延長して２０４２年までとする合意書に署名した。ロシアは見返りとして、天然ガス価格を3割値下げした。

ヤヌコーヴィチは8月、独立記念日の礼拝に、歴代大統領としては初めてキーウのペチェールシク修道院を訪れた。ウクライナにはモスクワ総主教の庇護下にある正教会と、ウクライナ独自の正教会があり、互いに対立している。ペチェールシク修道院はモスクワ系で、「ロシア世界」に属する聖域である。新大統領がロシアとの「リセット」を印象付けるには格好の場であった。

ヤヌコーヴィチは就任から1年の間に、メドベージェフからプーチンに代わったロシア大統領と10回以上会談し、外交関係を改善する流れを確かなものにした。ただ、経済の領域ではヨーロッパ連合（ＥＵ）加盟の方針を維持した。ウクライナはユーシチェンコ時代の２００９年にジョージア、アゼルバイジャン、アルメニア、モルドバ、ベラルーシと共に、ＥＵの「東方パートナーシップ」の対象国となっていた。加盟の前段階である連合協定、自由貿易圏、査証自由化を目指して協力する枠組みである。

ロシアが推進するユーラシア経済連合構想と、ＥＵの東方パートナーシップという二つの磁場が双方からウクライナを引き裂こうとしていた。ヤヌコーヴィチは２０１０年３月、就任後初の外遊先としてＥＵの本部があるブリュッセルを選び、ロシアとの良好な関係を維持しつつも、究極はヨーロッパに向かう基本姿勢を明確にした。

ＥＵとロシアにとって、共に看過できない問題があった。ヤヌコーヴィチは２０１１年末、大統領選挙を争ったティモシェンコを職権乱用罪で投獄した。プーチンとの間でガス供給に関する合意を独断で結んだというのが理由だった。プーチンはティモシェンコと良好な関係にあったので激怒した。権力者が政敵を獄につなげるのは、司法権が独立していないからだ。人権侵害でもある。欧米諸国は「政治的動機」と一斉に批判した。ヤヌコーヴィチは

ＥＵ加盟に向けて民主化を進める姿勢を見せながらも、実は依然として古い「ロシア世界」の住人であった。ＥＵはティモシェンコを釈放するまで連合協定の締結は難しいとの立場をヤヌコーヴィチに伝えた。

プーチンは猛然と巻き返しを図り、ウクライナに関税同盟への参加を迫った。ユーラシア経済共同体を２０１５年1月にユーラシア経済連合に格上げする方針を決定した。ウクライナは、いずれもオブザーバー参加に踏みとどまった。13年8月、ロシアは報復として「品質の問題」で言いがかりをつけ、ウクライナから輸入するほぼ全品目を対象に複雑な関税手続きを義務付けた。事実上の禁輸である。国境地帯では貨車約１０００両、トラック数百台が足止め状態となった。

２０１３年9月、プーチンは世界の識者と懇談する定例の「バルダイ会議」に参加した。プーチンの隣に座った元イタリア首相のプローディが、ヨーロッパとロシアの間でウクライナ争奪戦の様相を見せていることについて「ＥＵとロシアは、ウオッカとキャビアのように相性良くやらねばならない」と言った。プーチンは「ウオッカもキャビアもロシア産だね」と言い返して会場を笑わせた。さらに「ＥＵと連合協定を結んで何かいいことでもあるのだろうか？　開かれた市場？　まあ、経済はもっとリベラルになるかもしれない。だがウクライナ経済がリベラリズムに順応できるかどうか私には分からない」と述べた。プーチンによれば、ウクライナは「大きなロシア世界の一部」に変わりなかった。

11月末にＥＵウクライナ首脳会議がリトアニアのビリニュスで開催されることになっていた。ヤヌコーヴィチは決断を迫られた。ティモシェンコを釈放してＥＵと連合協定を結ぶのか。それともロシアに配慮して、連合協定の締結を見送るのか。結局はカネと欲に目がくらんだ。プーチンは１５０億ドルの支援を約束した。ウクライナの国内総生産が前年に１１３５億ドル余りだったことに照らせば、破格の支援だった。加えて天然ガス輸出価格の大幅値下げを約束した。天然ガスの大部分をロシアに依存するウクライナの泣き所を攻めた。

ヤヌコーヴィチは結局、プーチンに屈した。

２０１３年11月21日、ヤヌコーヴィチはロシアとの経済関係発展のため「ＥＵと連合協定を締結する準備を休止する」と発表した。15年2月の大統領選挙に向けて、運動資金が必要だった。有力な対立候補となるティモシェンコを野に放つのは得策ではない。最後は住み慣れた「ロシア世界」に回帰した。代償は大きかった。

4、クリミアの復讐

２０１４年2月23日、ロシアが５００億ドルの巨資を投じたソチ冬季五輪が終了した。心配されたテロもなく、ロシア選手団はメダルの数で1位となった。アメリカ大統領のオバマらは、ロシアの同性愛者差別に抗議して開幕式に出なかった。それでもプーチンはアメリカ選手を激励に訪れた。スキー競技の会場ではボランティアと一緒に写真に収まった。会期中は笑みを絶やさず「平和とスポーツ」の祭典を盛り上げた。冬季五輪史上最多となる98の国・地域が参加した大会は大成功と総括された。プーチンの支持率は67・7％に上昇した。12年に大統領に返り咲いてから最高の支持率だった。治安機関が関与した組織的なドーピングが露見してメダルの多くがはく奪されるのは、まだ先のことである。

ウクライナの首都キーウでは群衆が蜂起して多くの死者が出ていた。隣国の動乱にどう対処するのか。五輪で愛想よくホストの役割を演じつつ、プーチンは懸命に考えを巡らせていたに違いない。ウクライナ大統領のヤヌコーヴィチは2月21日に国を捨ててロシアに逃げ込んだ。ヨーロッパへ向かうウクライナを引き止めるためにつぎ込んだ１５０億ドルも、反ロシア勢力の手中に落ちるだろう。やりどころのない憤怒がかえって勝負勘を研ぎ澄ませた。

ウクライナのクリミア半島はロシア系住民が多いため「自治共和国」という特殊な地位を与えられていた。ウクライナ系、タタール系も混住していた。ロシア系住民はキーウの混乱を眺めて、反ロシア的な政権が出現するのではないかと動揺していた。銀行には万が一に備えて現金を引き出す行列ができた。自治共和国最高会議の議長コンスタンチノフは2月20日、モスクワに滞在していた。極右自由民主党の会合に出席し「クリミアをロシアからウクライナに移管した（ソヴィエト）共産党中央委員会幹部会決定の無効化が唯一の道である」と発言した。動乱を通じてウクライナ民族主義勢力が台頭した事態に危機感を募らせていたのだ。

それから1週間後の27日だった。行政府庁舎と議会棟を武装集団が占拠し、翌日にはシンフェローポリなど2空港を正体不明の部隊が奪取した。国籍も所属も分からない迷彩服の兵士たちが、いつの間にかクリミア各地に現れて要所を次々と占拠し、あるいは包囲し封鎖した。彼らは丁寧な態度で住民に接したので「謙虚な緑の男たち」と呼ばれた。プーチンは当初「自警団」と言い張ったが、のちにロシア軍が展開したことを認めた。

政変で中枢機能が麻痺したウクライナ軍はなすすべもなかった。基地に閉じ込められたまま逼塞《ひっそく》した。ウクライナ側の動きを封じ込めた上で3月16日、「クリミア自治共和国」と黒海艦隊の本拠であるセヴァストーポリがロシアに帰属するべきかどうかを問う住民投票を実施した。クレムリンの指示通りに全てが推移した。ウクライナでは領土の変更に関わる住民投票を中央政府の同意なく実施するのは違憲行為である。それでも「住民の意思」という錦の旗は掲げることはできた。最初から併合を前提とした儀式であってみれば、選挙監視も厳密な集計も必要ない。成立要件を疑う国際世論にも、プーチンは耳を貸さなかった。

クリミアの人口は約220万人。このうちロシア人が150万人、ウクライナ人が35万人、クリミアタタールと呼ばれる住民が30万人だった。学校教育の言語はロシア語で、ウクライナ人でも日常はロシア語を話す住民が多かった。96・77%が併合を支持したと公表された。アメリカもヨーロッパ連合(EU)もプーチン政権幹部の渡航禁止や資産凍結など、冷戦終結後もっとも厳しい制裁を発動した。あれほど苦労して手に入れたG8の地位もロシアは失った。

プーチンは3月18日、クレムリンに上下両院の議員や各界代表を招き、クリミアがロシアの領土になったと宣言した。大広間にファンファーレが響き、衛兵が黄金の扉を開いた。聴衆は立ち上がってプーチンを迎えた。クレムリンは皇帝の偉業をたたえる場所である。彼は人生の絶頂にあった。

この時の演説は「クリミア演説」と呼ばれる。プーチンの数多い演説の中でも歴史に残るものの一つとなろう。特に格調が高いわけではない。内容の正当性にも疑義があるだろう。8年後に起きるウクライナ戦争の構図と輪郭は既に色濃く宿っている。ヒトラーの著作『我が闘争』になぞらえるなら、プーチン版『我が闘争』の原型がここにある。歴史や民族、国家に関する独自の見解、傷ついた誇りと深い恨みが反映されている。

クリミアはかつて古代ギリシアの植民地だった。ロシアにキリスト教を導入したウラジーミル大公は、セヴァストーポリ周辺にあったケルソネス（ロシア語ではヘルソネス）で受洗した。プーチンによれば、この「精神の飛躍」が「ロシア、ウクライナ、ベラルーシ人を結びつける価値観や文明」の基礎となった。これら東スラヴ人は正教という絆で結ばれており、ロシアには「目に見えない神秘的な資質」が備わっている。クリミアも民族の「合金」であるが、個々の民「エトノス」が溶けて消えたことはない。それこそが多民族を抱合する「大ロシア」の姿を象徴している――というのだ。

プーチンは2022年2月のウクライナ侵攻に先立ちベラルーシに中立政策を放棄させて、ロシアとの「連邦国家」を強化する一方、ロシア軍の駐留を可能にした。その上でベラルーシとクリミア、ロシア本土から同時に進軍し、「兄弟」と呼ぶウクライナを手に入れようとした。「歴史的ロシア」復活への野心は紛れもない。

ロシア革命で実権を握ったボリシェヴィキは「民族構成を無視して」「歴史的にロシアの南部であった領域の相当な範囲」をウクライナ共和国に組み込んだ。現在のウクライナ東部から南部を占め、帝政時代は「小ロシア」「新ロシア」と呼ばれた一帯である。ウクライナ戦争では当初、電撃戦でキーウを陥落させ、全土を支配しようと狙った。ウクライナ軍の抵抗でそれが失敗すると、南東部一帯の制圧に戦略を切り替えた。「クリミア演説」で「歴史的にロシアの南部」と呼んだ領域である。プーチンに言わせれば「領土回復」の戦争であるが、ウクライナから見れば「レコンキスタ（再征服）」の暴挙にほかならない。

元ソヴィエト連邦首相のフルシチョフがロシアからウクライナへ贈ったクリミアは、連邦が存在している間は、まだ同じ国の中にあった。連邦が崩壊した時、ロシアはクリミアが「簒奪《さんだつ》された」と感じたとプーチンは言う。クリミアだけではない。各共和国には2千数百万人のロシア人が取り残された。ロシア人は「世界で最大級の分断民族」となってしまった。クリミア併合でも、のちのウクライナ戦争でも、プーチンが領土拡大の名目に掲げたのが、「悲劇の民」という物語を背負う在外ロシア人の保護であった。

プーチンによれば、ロシアがかつてクリミアにウクライナの主権を認めたのは、ウクライナが「友好的、民主的、文明的な国家」であり、在外ロシア人の安寧が保証されるという前提条件で下した判断であった。今や、その前提が崩れたのでクリミアを取り戻したのだと強弁した。「民族主義者、ネオナチ、ロシア嫌い、反ユダヤ主義者」が「同化政策」を推進するような国に、同胞を放置してはおけないと論じた。「クリミア演説」には8年後の戦争で主敵と定める「ネオナチ」が既に登場している。

ロシアにおいて「ウクライナ民族主義者」の極悪人として烙印《らくいん》を押された人物がステパン・バンデーラである。ウクライナ民族主義者組織（ＯＵＮ）指導者だったバンデーラは、第二次世界大戦の独ソ戦争でウクライナをソヴィエトから解放するためにナチス・ドイツと協力した。彼はその後ナチスからも投獄されたのに、戦後のソヴィエトでは「裏切り者」として断罪されてきた。独ソ戦で2660万人もの犠牲者を出したソヴィエトでは、ナチス協力者は最も忌み嫌われる。独立後のウクライナでは歴史観の見直しに伴い、肯定的なバンデーラ評価が進んだ。現在のロシアでは、依然として評判がすこぶる悪い。

プーチンは「クリミア演説」でこのバンデーラに2回言及した。現代ウクライナで台頭する民族派を「バンデーラ一派！」と強い声で断罪するだけで、ひときわ大きな拍手が沸いた。国民の憎悪をかきたて結束を促すためには、名前を聞いただけで血がたぎるような極悪人を引きずり出すのが効果的だ。聴衆の喝采を誘うために、プーチンがバンデーラを引用する機会が増えてゆく。

敵はウクライナの反ロシア勢力だけではない。「18世紀、19世紀、20世紀の3回にわたりロシアを圧迫した悪名高い封じ込め政策」は「今日も続いている」。自立すればするほど、ロシアは追い詰められる。「ものごとには限度というものがあるのだ」。西側はウクライナで一線を越えた。「ロシアはもう一歩も後へ引けない瀬戸際に追い詰められた」。バネを限界まで無理に押し込めば、いつかは自力で反発する。「そのことを覚えておくがいい」。プーチンはこう言った。クリミア「奪還」に熱狂するロシア人の心理を言葉にすれば、まさにこのようなものであったに違いない。

プーチンは「ロシア世界」「歴史的ロシア」「統一の回復」という言葉をちりばめ、本来あるべき「大ロシア」の姿に郷愁をかきたてた。手中にしたのは、まだクリミア半島だけだった。「クリミア演説」は新たな戦争への道標でもあった。あとは機が熟するのを待つだけだった。

世論調査機関レバダ・センターが２０１４年９月に発表したプーチンの支持率は実に86％に達した。11年11月に実施した調査では、翌年春の大統領選挙でプーチンに投票すると答えた有権者はわずか31％だったにもかかわらずだ。プーチンを批判する知識人も、クリミア併合だけは支持する傾向があった。

クリミアはロシア人の魂に訴える魔力を秘めていた。

レバダ・センターは、大統領に復帰したプーチンが言論統制を強めるために「外国のエージェント」に指定した組織である。外国のスパイとみなされた組織が、このような調査結果を発表すること自体が奇妙な出来事と映った。

5、フルシチョフの贈り物

クレムリンは元来、ロシア語で「城塞」を意味する。だから今もロシア各地にクレムリンは遺跡として散在する。現在も国家の心臓として鼓動を続けているのは、モスクワ中心部のクレムリンだけである。帝政時代の荘厳な宮殿や大聖堂、かつての元老院、ソヴィエト時代にフルシチョフが建てた無粋な大会宮殿や、城壁の外にあって革命の指導者の遺体が防腐処理を施されて公開されているレーニン廟《びょう》に至るまで、この空間には歴史的建造物が無秩序に集まっている。城壁に連なる多くの塔が頂くのは、ソヴィエトを象徴する赤い星であったり、ロシアの紋章である双頭の鷲であったりするのだ。時空を超えた混沌を体現しつつ、気品と美、そして神秘性も備えている。おぞましい権力のるつぼであり、静寂に包まれた祈りの場でもある。

矛盾の支配こそがロシアの統治であった。それは独裁と暴力の系譜でもある。大統領ウラジーミル・プーチンも例外ではない。

21世紀の訪れとともにロシアの指導者として登場したプーチンは2014年3月、ウクライナ南部のクリミア半島に軍の部隊を送り込み、強引にロシアに併合した。法的手続きを完遂する批准書の調印式はこの月の21日に、大クレムリン宮殿のエカテリーナの間で華々しく催された。円柱に囲まれた白亜の大広間には各界代表が招かれ、祝賀気分に包まれていた。プーチンの型通りのあいさつに続いて上院議長のワレンチーナ・マトビエンコがマイクの前に立った。プーチンに長年仕える忠実な側近である。いつものように、よどみなく言葉を連ねた。

「本日、まさにここエカテリーナの間に集うのは誠に象徴的な出来事です。ほぼ4半世紀前、エカテリーナ大帝の時代に、聖なるタヴリーダの地はロシアの一部となりましたが、我々の歴史を通じてクリミアは容易ではない時を過ごし、悲劇的な出来事に見舞われてきたのです。この地をロシアから奪い、ロシアから黒海への出口を奪う試みが幾度となく繰り返されてきました。（中略）この10年間はクリミアの容易ならざる運命を我々自身が目撃してきました。しかし悲劇はキエフ《ママ》の独立広場で始まったのではなく、フルシチョフが当時の憲法に反して犯した身勝手な過ちに起因するのです。ドラマはさらに4半世紀前にベロヴェーシの森へと続き、1992年にはクリミア住民が住民投票の実施を希望しましたがかないませんでした」

マトビエンコの言葉にはロシア人が思い描くクリミアの歴史が凝縮されている。タヴリーダとは、クリミアの古い呼称である。エカテリーナ大帝は1783年にクリミアをトルコから奪い返し、半島の付け根を広く包み込む内陸部と合わせてタヴリーダ県と定める勅令を公布した。タヴリーダは1919年にクリミア・ソヴィエト社会主義共和国となるまで、130年以上ロシア人の耳に親しんだ響きを帯びている。マトビエンコは人々の記憶に沈潜する郷愁を巧みに呼び覚ましたのだった。

タヴリーダ県の古地図が残っている。当時、宮廷で使われていたフランス語と、ロシア語で地名などを併記してある。クリミア半島のみならず、東はアゾフ海沿岸のベルジャンスク、西は黒海沿岸に近いヘルソンを起点に内陸部を深く包み込む輪郭が見て取れる。クリミア半島北端の付け根の部分は幅が約8キロしかない。飲料水は現在も、ここを経由して内陸から供給を受けている。2014年のクリミア占領は、かつてのタヴリーダ県を南北に二分する形で南の半島だけをロシアの版図に組み込んだ結果、ウクライナ側の内陸部から水を断たれる危険が常に存在していた。2022年にロシアの侵略軍がウクライナ南岸を内陸まで深くえぐり取る範囲を占拠したのは、このようなクリミア半島の脆弱性を克服するとともに、東部の親ロシア派武装組織の支配領域を海沿いの回廊で連結する意図の現れであった。

一帯は19世紀にクリミア戦争（１８５３～56年）の主戦場となり、黒海艦隊の基地だったセヴァストーポリは３４９日間の包囲戦の末に陥落した。ロシア革命後の内戦にほんろうされ、第二次世界大戦ではナチス・ドイツに一時占領された。マトビエンコの言う「悲劇的な出来事」「黒海への出口を奪う試み」とは、このような困難な歴史を指していた。

そしてソヴィエト連邦崩壊（１９９１年12月）の後、クリミアを新たな危機が襲ったというのである。マトビエンコによれば、その起点が「フルシチョフの過ち」であった。１９５４年にソヴィエト共産党第一書記であったフルシチョフは、この年の2月にクリミアをロシア共和国からウクライナ共和国に移管した。ポーランドに対する独立戦争を起こしたコサックがロシアの協力を得るため１６５４年に結んだペレヤスラフ協定の３００周年を祝賀するというのが表向きの理由だった。この措置についてプーチンは２０１４年3月、「フルシチョフの個人的な発案」であり、その理由は「歴史家に委ねるほかない」と述べている。フルシチョフの息子セルゲイは、アメリカでウクライナのテレビ取材に応じ、ドニエプル川からクリミアに水を引く北クリミア運河の工事を効率的に進めるために、水源地帯とクリミアを単一の行政下に置く必要があったと説明した。当時から水はクリミアのアキレス腱であったらしい。ソヴィエト連邦という中央集権国家の中で一共和国から別の共和国に管轄を移すことが、それほど重大視されることはなかった。連邦が崩壊するなどとは誰も想像すらできなかったからだ。

不滅と思われたソヴィエト連邦も、1991年8月に保守派がゴルバチョフ大統領をクリミア半島の南端に近い別荘に軟禁するクーデター事件をきっかけに、崩壊への坂道を転げ落ちてゆく。クーデターが失敗に終わったあと、ロシア共和国大統領報道官のウシャノフは同月26日に声明を発表し、「連邦関係が破棄された場合、ロシア共和国は各共和国に国境問題を提起する権利を留保する」と述べて、具体的にウクライナ南東部、カザフスタン北部を挙げた。独立に向かってロシアの民族意識が高揚するにつれ、ドンバスとクリミアは自国の領土という意識が頭をもたげていたことが分かる。

12月8日、ロシア大統領のエリツィン、ウクライナ大統領のクラフチュク、ベラルーシ最高会議議長のシュシケビチが、ベラルーシのベロヴェーシの森に内密に集った。この森はフルシチョフが狩猟を楽しむお気に入りの場所だった。3人は連邦大統領のゴルバチョフに無断で、連邦の消滅と独立国家共同体（ＣＩＳ）の創設を取り決めた。この場でクラフチュクが、クリミアの扱いをエリツィンに打診したが、参加者によれば、エリツィンが「取っておけ」と答えたというのだ。視線は既にテーブルの上のウオッカに注がれていたというのは、酒好きのエリツィンらしい話の尾ひれだろう。クラフチュクはのちに「ソヴィエト連邦をどうするかが最優先の話題で、クリミアについての真剣な話はしなかった」とはぐらかしている。

当時ゴルバチョフの報道官だったグラチョフによれば、エリツィンにとってはソヴィエト連邦を解体して、自分がゴルバチョフに代わりクレムリンの主人となる悲願の方が、クリミア問題よりはるかに大切だった。クリミアの帰属にこだわり、肝心の連邦解体に支障が生じては困ると判断したというのだ。グラチョフは「クリミアとクレムリンの取引」だったと回想している。

このようにして、ソヴィエト崩壊後もクリミアはウクライナの領土に残った。だがセヴァストーポリにはロシア黒海艦隊が残ったままだった。のちにＮＡＴＯ（北大西洋条約機構）の東方拡大をめぐりロシアと欧米が対立するにつれ、クリミアは軍事的にいっそう重要な意味を帯びてゆく。だが埋火《うずみび》が実際に戦争の炎となって燃え盛るとは、まだ誰も考えていなかった。

6、ベーカーの約束

2022年2月21日、大統領プーチンはウクライナ侵攻を3日後に控えたテレビ演説でこう述べた。「NATO（北大西洋条約機構）は1インチも東方に拡大しないとアメリカは約束した。全ては空虚なたわごとだった」。アメリカの裏切りとNATO拡大による脅威を開戦の主要な理由の一つとして明確に打ち出した。

時計の針を少し戻してみよう。

アメリカの国務長官ベーカーは1990年2月9日に、モスクワでソヴィエト連邦共産党書記長ゴルバチョフと会談した。その記録には「1インチも東方に拡大しない」との言葉が確かに残っている。激動の時代だった。前年6月にポーランドで在野組織「連帯」が総選挙に圧勝し、東ヨーロッパで初めて非共産主義勢力が主導する内閣が誕生した。民主化の大波は東ドイツ、ブルガリア、チェコスロヴァキア、ルーマニアをのみ込み、共産党支配が次々と崩れるドミノ現象が起きた。ワルシャワ条約機構に加盟する東ヨーロッパ6カ国は、一党独裁の放棄と市場経済を導入する改革へ次々と舵を切った。東ドイツでは社会主義統一党書記長ホーネッカーが10月に解任され、11月には東西分断の象徴であるベルリンの壁が崩壊した。年が明けると、東西ドイツの再統一はもはや不可避の情勢となりつつあった。情勢の急変を受けて、ゴルバチョフとアメリカ大統領のジョージ・H・W・ブッシュが地中海のマルタで会談して冷戦の終結を宣言した。

ソヴィエトでも翌1990年2月の5日から7日にかけて、共産党が中央委員会総会を開催し、プラトフォルマ（長期政策）「人間的で民主的な社会主義に向けて」の草案を採択した。共産党の指導的役割を放棄、複数政党制、大統領制の導入を決めた。時代の変革は東ヨーロッパから東側陣営の総本山であるモスクワにも及ぼうとしていた。ドイツ再統一もソヴィエトにおける共産党独裁の終焉《しゅうえん》も、ミハイル・ゴルバチョフという稀有な政治家の出現によって生まれた歴史の奔流と言える。「シャトル外交」で鳴らすベーカーがモスクワを訪れたのは、まさにこのようなタイミングであった。1月末に開店したマクドナルドには長蛇の列ができていた。ドル払いの列とルーブル払いの列が別だった。マクドナルドはその後ロシア各地に店舗を広げ、アメリカを象徴するハンバーガーが庶民の生活に溶け込む。そのマクドナルドはウクライナ戦争に抗議して30年余りのビジネスを打ち切ることになる。

中央委員会総会から2日後にベーカーを迎えたゴルバチョフは意気軒高だった。総会で保守派の激しい攻撃をしのいで勝利を収めていたからだ。ドイツ統一をめぐっては、なるべく早く冷戦勝利の果実を摘み取りたいアメリカと西ドイツに対して、強大なドイツの復活を恐れるソヴィエト、イギリス、フランスが慎重な立場を維持していた。特にソヴィエトでは衛星国家の喪失は、保守派がゴルバチョフを攻撃する格好の材料となる。ゴルバチョフが失脚して共産党支配が復活してしまっては元も子もない。ベーカーは腫れ物に触るように言葉を選びつつ、ソヴィエトの指導者の腹を探った。

「もしドイツが中立を選択すれば、アメリカの核抑止力に頼らずに、自ら核武装する可能性があります」「合衆国がＮＡＴＯの枠内でドイツ駐留を続けるのなら、ＮＡＴＯの現在の軍事的管轄権は東方に１インチも拡大しないでしょう」

ソヴィエトは第二次世界大戦でナチス・ドイツと戦い、勝利はしたものの２６６０万人もの犠牲を出した苦い記憶がある。統一ドイツを野放しにするより、ＮＡＴＯに縛りつけておいた方がお得ですよ、と持ち掛けたのだった。老練なベーカーはゴルバチョフを刺激しないように「もっと良い方法があるかもしれませんが、まだ見つかっていません」と付け加えるのも忘れなかった。

ベーカーはこの会談でゴルバチョフに「NATOの枠外で完全に自立してアメリカ軍がいないドイツ」と「NATOとの関係を保ち、かつNATOの管轄権と部隊が現状より拡大しないドイツ」の選択を重ねて打診している。ゴルバチョフは「全てについてよく考えよう。指導部においてあらゆる問題を深く議論するつもりだ。しかし言うまでもなく、NATOのゾーンが拡大するのは受け入れられない」と応じた。

実はゴルバチョフは1月末に一部側近を招集して、ドイツ統一を容認するが統一ドイツのNATO加盟だけは断固として阻止する考えを伝えていた。ソヴィエトのKGB（国家保安委員会）や東ドイツ指導部までもが、ドイツ民主主義共和国の命運は尽きたとゴルバチョフに告げていた。

ベーカーとの会談があった翌日、ゴルバチョフは西ドイツ首相のコールとモスクワで約2時間半にわたり会談した。コールはベーカーの約束をドイツも守ると請け合った。ゴルバチョフは「ドイツ人が自分で未来を決めるべきだ」と言った。コールは念を押した。ゴルバチョフの言葉に間違いはなかった。コールと外相ゲンシャーはその晩、予定を変更して記者会見を開き、ゴルバチョフがドイツ再統一に原則的に合意したと発表した。NATOの活動を東に拡大する意図は自分たちにはないとも述べた。

記者会見の直前、喜びを抑えられないコールとゲンシャーは、ひそひそ話を交わした。それをマイクが拾ってしまった。

コール「やっと乾杯できる」

ゲンシャー「素晴らしい！　飲まずにはいられませんな」

あふれる喜びの背後にあるのは、戦争によって同胞が引き裂かれた悲劇の歴史にほかならない。それはウクライナがやがて経験する過酷な試練でもあった。

ベーカーがゴルバチョフに請け合ったNATO不拡大は、果たしてプーチンが主張するように約束と言えるのだろうか？　もしそうであるのなら、2022年1月にロシア外相のラブロフが公の場で発した言葉も約束とみなしていいだろう。彼はジュネーブでアメリカの国務長官ブリンケンと会談したあと、「ロシアはウクライナ国民を一度も脅かしたことはない。攻撃する意図もない」と記者団に公言した。そのひと月後にロシアによるウクライナ侵略が始まった。

プーチンが東ドイツのドレスデンからソヴィエトに帰国して、母校レニングラード大学で学長補佐となったのは、ベーカー・ゴルバチョフ会談の前の月だった。KGBの出世コースから外れたスパイは当時37歳。まだ無名の存在である——。

7、ハベルの懸念

東ヨーロッパで次々と共産党支配が崩れたドミノ現象を受け、東側陣営の統一軍事組織としてNATO（北大西洋条約機構）と対峙《たいじ》してきたワルシャワ条約機構も、その存在意義を失った。1990年9月には東ドイツが脱退した。翌91年3月31日、ソヴィエト軍から派遣されて統一軍の頂点に立っていた総司令官ルシェフと参謀総長ロボフの権限を大統領ゴルバチョフが停止して、軍事機構としての機能を失った。パレードも式典もなく、簡単な発表がなされただけであった。

91年7月1日には、チェコスロヴァキアの首都プラハでソヴィエトと東ヨーロッパ5カ国による政治諮問会議が開催された。最後の首脳会議は、条約の失効を確認する議定書に署名する場となった。チェコスロヴァキア、ルーマニア、ブルガリア、ポーランド、ハンガリーは首脳級の人物が代表団を率いていた。ソヴィエトは副大統領のヤナーエフと外相のベススメルトヌイフが出席し、元首であるゴルバチョフの姿はなかった。

東ヨーロッパの代表は民主化を主導した顔ぶればかりだった。ホストのチェコスロヴァキア大統領ハベルは人権擁護組織「憲章77」の創設者として、ポーランド大統領のワレサは「連帯」の指導者として民主化ドミノを先導した。各国代表の演説に続き、議定書に調印し、ワルシャワ条約機構は36年の歴史に幕を下ろした。

ワルシャワ条約機構は1956年のハンガリー動乱に介入し、68年にはチェコスロヴァキアの民主化運動「プラハの春」を戦車で蹂躙《じゅうりん》した。社会主義体制の防衛が個々の国家の主権に優先するという「制限主権論」を軍事力で体現した巨大な暴力装置が、とうとう消えたのだ。会場には、どこかほっとしたような安堵感が漂っていた。

ヤナーエフらソヴィエト代表団は硬い表情を崩さなかった。

ハベルは調印式の終了に当たり、このような軍事組織を二度とつくってはならない、今後は対等の原則に基づく「新しい関係」を構築しなければならないと述べた。東ヨーロッパで共産主義支配を終わらせた民主化の闘士にとって、ワルシャワ条約機構の終焉《しゅうえん》は勝利にほかならない。一方で、この軍事機構の盟主であったソヴィエトから見れば、それは敗北に等しかった。国家元首であるゴルバチョフが、この式典に顔を見せることはできなかったのだろう。一方でハベルの言葉にも、勝利を手放しで喜べない気持ちがにじんでいた。

第二次世界大戦ではナチス・ドイツに痛めつけられ、戦後はソヴィエトに支配された東ヨーロッパ諸国にとって「安全」の問題は切実である。ワルシャワ条約機構なきあとに生じた空白を、どう埋めてゆくのか。課題は重く、懸念は深まるばかりだった。

チェコスロヴァキア、ハンガリー、ポーランドの中央ヨーロッパ3国はNATO加盟を軸に据えた。ハベルはワルシャワ条約機構の軍事機能停止に先立ち、3月21日にベルギー・ブリュッセルのNATO本部を訪れている。ワルシャワ条約機構加盟国の元首がNATO本部に足を踏み入れるのは初めてだった。ハベルはNATO加盟国の外相や大使を前に演説し、東ヨーロッパが「安全保障の真空地帯」になろうとしていると警告した。彼は「チェコスロヴァキアが当面はNATOの正式加盟国になれないことは承知している」と認めながらも、「自由と民主主義という同じ理想を掲げる国に対して永遠に門戸を閉ざしてはならない」と訴えた。

ハベルの言う通り、これまでワルシャワ条約機構の加盟国だった国々がNATOに加盟するのは容易ではないと思われた。統一を勝ち取ったドイツの外相ゲンシャーも、ハベル演説のあとでラジオに出演し、東ヨーロッパ諸国がNATOに加盟するのは「賢明ではない」と釘を刺した。ソヴィエトの軍部を刺激してゴルバチョフ体制が揺らげば、ソヴィエトがまた衛星国家を従える「帝国」を復活させようとするのではないかと危惧された。ゴルバチョフの足元は、それほど揺らいでいた。

ゴルバチョフはワルシャワ条約機構の軍事機構解体の前日、ソヴィエト軍の共産党組織の会議で演説して「国家指導部は軍を軽んじることはない」と述べた。ソヴィエト軍部には東ヨーロッパ諸国の民主化ドミノやドイツ統一、ワルシャワ条約機構の解体を恥辱と捉え、ゴルバチョフを呪う声が満ちている。急進改革派は大規模な集会でゴルバチョフへの攻撃を強めている。東ヨーロッパ諸国がNATO加盟へ動けば、新旧二つの勢力に圧迫されるゴルバチョフの立場はさらに厳しくなるとみられた。

東ヨーロッパ諸国の首脳にも「ソヴィエトを孤立に追い込めば、古い秩序の回復を望む国内勢力を利するだけ」（ハベル）という共通の認識があった。そこで過渡的な措置が構想された。東ヨーロッパ諸国間、そしてソヴィエトとの間で2国間条約を結び、安全保障の「真空」をしのごうというのだ。ソヴィエトが「敵対する軍事同盟には参加しない」との「中立条項」を求めたことから、条約交渉は難航した。

「敵対する軍事同盟」との間に、中立の緩衝地帯を必要とする考え方は、ソヴィエト特有の防衛本能の現れである。ナポレオンやナチス・ドイツの侵略を受けたロシアでは、外部を敵に包囲されているという警戒心と不安感が心の底に常にある。ロシア革命で成立したボリシェヴィキ政権は、外国の支援を受けた反革命を恐れた。そのコンプレックスは体制の深層に沈殿したままソヴィエトからロシア伝わり、30年後のウクライナ戦争で発現する。プーチンはウクライナの中立化と、攻撃的兵器の撤去を要求し、自国の兵士やウクライナの国民がいくら血を流しても意に介そうとはしなかった。ワルシャワ条約機構と共に過去の遺物となったはずの「制限主権論」が復活する。「ロシア人同胞の保護」「ネオナチ打倒」という偽りの大義を掲げた侵略の部隊は、社会主義体制保護を口実にハンガリー動乱やプラハの春を戦車で踏みにじったワルシャワ条約機構の亡霊を連想させる。

第三章　闇黒の海と大地

1、プーチンの国家観

ロシア大統領のエリツィンは１９９９年12月31日正午のテレビ演説で突然辞任を発表し、プーチンを首相兼任のまま大統領代行に任命する大統領令に署名したと発表した。ソヴィエト連邦を消滅させた「壊し屋」は、新しい国家建設を軌道に乗せられないまま政治の表舞台を去った。エリツィンは演説で「人々の希望を全部実現できなかったことを謝罪したい」と述べた。アメリカ大統領クリントンから電話が入った。既にモスクワでは日付が変わっていた。エリツィンはクリントンに「プーチンを１００％支持していただきたい」「彼は強い人物なので自分に託された責務を果たせるだろう」と言った。クリントンは「歴史家はあなたをロシアの民主主義の父と呼ぶだろう」とエリツィンの労をねぎらった。

チェチェン共和国周辺では武装勢力とロシア軍による闘いが激しさを増していた。大統領代行となったプーチンの時代は戦争とともに始まった。ただ、無愛想で表情に乏しいこの男がいったい何者であるのかが、まだ分からない。「Putin, Who?（プーチンって誰だ?）」が、世界のメディアの主要な関心事だった。ロシアにおいてさえ、首相として第二次チェチェン紛争を指導した人物であるということ以外はつまびらかではなかった。それまでのプーチンは一度も選挙に出ていない。脚光を浴びるより陰の場所を好んだ。仕事ぶりや人柄を知る者は限られていた。プーチンは自らの政治観や国家観について語る必要があった。

エリツインの辞任発表前日の12月30日にインターネットで公開した「千年紀のはざまに立つロシア」という論文が、その答えであった。いわゆる「ミレニアム論文」である。20世紀から21世紀への移行に際して自身の政策綱領をまとめた一種の施政方針である。プーチン政治の原点とも言うべき考え方が示されている。それによれば、ロシアの社会は1917年10月の革命後に起きた内戦とソヴィエト連邦崩壊後の1990年代の2回にわたり分裂状態に陥った。今まさに2回目の分裂に苦しむ現状を克服するために、プーチンは伝統的な価値観に立ち返るべきだと訴えた。ロシアを救うのは「愛国心」「大国性」「国家の至上性」「社会の結束」であると主張した。ここでは、のちのウクライナ戦争と深く関係する「大国性」と

「国家の至上性」に着目したい。

「大国性（Derjavnosti）」についてプーチンは「ロシアは過去も未来も大国である。それは、地政、経済、文化の特徴によって、あらかじめ本質的に条件付けられている」（傍点は引用者による、以下同じ）と断言する。「これらの特徴がロシアの全歴史を通じて、国民の気質、国家の政治を形成してきた。それは今も変わらない」。現代社会においては、軍事力だけでなく「先端技術」や「国民福祉」も力の源泉として加えなければならない。そして「自国を守る万全の安全保障」と「世界で国益を追求できる」能力が必要であると説く。

「国家の至上性」は、「国家」を意味する「ゴスダルストヴォ（Gosudarstvo）」から派生する「ゴスダルストヴェンニチェストヴォ（Gosudarstvennichestvo）」というやや特別な言葉を故意に使用している。社会に対しても個人に対しても国家が絶対的な価値を有し、信頼の対象でもあるとの考え方だという。単なる「国家主義」とは趣が異なる。プーチンによれば、ロシアは「リベラルな価値観が深い歴史的伝統となっているアメリカやイギリスの複製には決してならない」。ロシアでは「国家とその制度と構造が国家や国民にとって、格別重要な役割を果たしてきた」からである。「堅固な国家はロシア国民にとって変則ではなく、戦って獲得するものでもない。むしろ逆に、秩序の源泉と保証であり、いかなる変革においても、それを提起し推進する原動力となる」

「国家の至上性」を国民一人一人の側から主体的に支えるのが「愛国心」であり、その総体として立ち現れるのが「社会の結束」と「大国性」であるというのが、プーチンが描く国家の精神構造である。個人の幸福は国家と分かちがたく存在することで実現する。このような契約の象徴として彼は振る舞っている。ソヴィエト帝国を支えた共産主義イデオロギーに比べれば曖昧《あいまい》模糊《もこ》としていても、ロシアの人々には無条件に伝わるものがある。このため体制は簡単には揺るがない。しかし、国家の破綻を国民一人一人が無意識のうちに自己破綻と感じ取れば、社会不安が醸成される。国家への根本的な信頼がいったん崩れてしまえば革命が起きる。街頭に無秩序に繰り出す群衆は、国家精神からの逸脱である。断固として排除しなければ自分の身と国家が危ない。プーチンはそう感じているのだろう。

プーチンはこの論文で「ロシア国民」を語るとき、民族としてのロシア人を指す「ルースキー」ではなく、ロシアに住む他の民族も含めて「ロシヤーニン」という言葉を使っている。ロシアが多民族国家であることが含意されている。ロシアはイギリスのような海の帝国とは異なり、陸の帝国である。陸続きに領土を拡大して、その地の民族をのみ込んできた。2022年のウクライナ戦争を指導するプーチン政権の顔ぶれをみても、最側近の一人である国防相のショイグはトゥーワ人であるし、外相のラブロフはアルメニア系、停戦交渉でロシア代表団長を務めたメジンスキーはウクライナ系である。

　プーチンの国家観によれば、ロシアはあらかじめ偉大な国として運命づけられている。彼は自国の核兵器に言及するとき「核保有国」とは言わずに、常に「核大国」という表現を用いる。核を保有しているから大国であるのではなく、ロシアが生来の大国であるが故に当然のごとく核兵器を有していると言わんばかりである。

　主権在民の欧米では国民が国家の在り方を定めるのに対し、ロシアでは国家そのものが国民の心根や幸福と分かち難く結びついている、とプーチンは考える。国民ではなく国家が全ての源泉であるのだ。そしてこの場合の国家とは、ロシア民族と正教を中核とする多民族国家にほかならない。ウクライナ戦争のさなかにモスクワで催された対ドイツ戦勝記念式典で、ショイグはオープンカーの車上で十字を切ってから閲兵に臨んだ。彼の出身地であるトゥーワ共和国ではチベット仏教が支配的だ。だがロシア軍と正教とは分かち難く結び付いているので、国防相が仏教徒では格好がつかない。多民族から成る「帝国」の姿が、このような光景にも現れている。

プーチンはウクライナに侵攻する前、2022年2月の演説で、ウクライナは歴史上一度も「ゆるぎない国家性の伝統を有しなかった」と述べた。この場合の「国家性」とは「ゴスダルストヴェンノスチ（Gosudarstvennosti）」の訳語である。ミレニアム論文でプーチンがロシアの伝統として提示した「ゴスダルストヴェンニチェストヴォ（Gosudarstvennichestvo）」とは異なる。ロシアには「大国」たるべき至上の国家性が先天的に備わっているのに対して、現行のウクライナは真の意味において国家ですらないとさげずんでいるのだ。

プーチンの理解では世界の国家は2種類に分けられる。ロシアのように自国の安全保障を他国に頼らず完全な主権を有する大国と、他国の影響下でしか存続できない国家である。日本については内外記者会見という公の場で「主権がどの程度の水準にあるのか分からない」と公言したことがある。日本との平和条約交渉をめぐり、日本に北方領土が帰属すればアメリカ軍が基地を置く可能性に言及し、日本はアメリカに押し切られてしまうのではないかという懸念を示したのだ。日本はアメリカの属国であり独立した主権国家ではないという暴言である。驚くことに、当時の日本政府は沈黙して反論さえしなかった。プーチンはそのような日本政府を軽蔑している。

プーチンはミレニアム論文でソヴィエトのイデオロギー支配について、ロシアは過去4半世紀にわたり「共産主義ドクトリンの実現」を目指してきたが、それは「文明化の王道から外れた袋小路」であったと明確に否定している。「大国性」と「国家の至上性」が導き出す「偉大なる国家」の姿は、ソヴィエト連邦の復活というより、他民族をのみ込みながら領土拡張を繰り返したかつての帝政ロシアの相貌を帯びている。領土拡張の衝動を制御できず外敵への異常なまでの警戒心が攻撃性に転化するコンプレックスは、ウクライナ侵攻という形で発現した。

21世紀が始まったとき、プーチンはミレニアム論文で「偉大なるロシア」について、「GDPはアメリカの10分の1、中国の5分の1」であり、一人当たりGDPは「G7平均の約5分の1」という惨状を認めなければならなかった。そして国民の気持ちを「不安と期待」と表現したのである。そこに順風が吹き始めた。ロシアの主要な財源である石油の国際価格はプーチンが大統領となった2000年から上昇し高止まりを続けた。その恩恵は大きく、ロシアの人々はやがて高度経済成長のもたらす豊かな消費生活を謳歌《おうか》する。プーチンには強運があった。少なくともウクライナを侵略するまでは。

2、エリツィンの怒り

時計の針をもう一度、戻してみよう。

1991年8月、ゴルバチョフ一家はクリミア半島フォロスの大統領専用別荘「ザリャー（朝焼け）」に滞在していた。45年にスターリン、ルーズヴェルト、チャーチルが会談したヤルタは西へ40キロの距離にあった。

歴史はクリミアから生まれる。

ソヴィエト連邦大統領のゴルバチョフは妻ライーサと海で泳いだり読書をしたりして休養を取りながら、新連邦条約調印に向けて最後の準備をしていた。8月18日は日曜日だった。翌々日には新連邦条約の調印式があるのでモスクワへ戻る手配をした。ゴルバチョフは3月の国民投票で連邦存続に支持を取り付け、ぼろぼろになった連邦を新たな条約でつなぎ留めようとしていた。条約は各共和国に大幅な権限を付与するので保守派が造反した。「国家非常事態委員会」はゴルバチョフ一家を別荘に軟禁し、モスクワで記者会見を開き、大統領の病気を理由に権力掌握を発表した。大統領代行に就任したのは副大統領ヤナーエフである。前の月にプラハでワルシャワ条約機構の消滅に立ち会ったばかりだった。記者会見の席で彼の手は震えていた。

世に言う「8月クーデター」は結局、失敗に終わった。

クリミアからモスクワに戻る機中でゴルバチョフは「我々は別の国へ向かって飛んでいるのだ」と言った。改革を妨害する守旧派は敗北し、新しいソヴィエトが自分を待っているという感慨に包まれていたらしい。「別の国」にゴルバチョフの居場所はなかった。クーデター撃退で中心的な役割を担ったロシア共和国大統領エリツィンに、国家の実権は移ろうとしていた。1991年12月25日、ゴルバチョフは敗北を認めソヴィエト連邦大統領の職を辞した。クレムリンの上に翻っていた赤いソヴィエト国旗が降ろされ、代わりに白、青、赤のロシア国旗が掲揚された。ソヴィエト連邦は消滅し、独立国家共同体（ＣＩＳ）が発足した。

エリツィンが率いる新生ロシアが船出した海は荒れに荒れた。ソヴィエト連邦は崩壊したが、ロシアの議会にはソヴィエト時代の頑迷な議員たちが残っていた。彼らはエリツィンの改革に反旗を翻し国政は麻痺《まひ》した。エリツィンは議会を解散し、議員や反対勢力が立てこもる国会議事堂を戦車で砲撃して制圧した。ホワイトハウスと呼ばれた白亜の建物は砲弾で黒焦げとなり、割れた窓の向こうに何日間も、めらめらと燃える炎が見えた。1993年9月21日から10月4日にかけて首都の中心部を舞台に繰り広げられた「モスクワ騒乱」を乗り切ったエリツィンは、12月の国民投票で新憲法の承認にこぎつけ、強大な大統領権限を手中にした。

エリツィンの健康は深酒と心臓疾患で蝕《むしば》まれ、ロシアの新たな不安定要因となっていた。議会の武力制圧で失脚の可能性は消えたかに見えた。アメリカ大統領クリントンは懸案のNATO（北大西洋条約機構）拡大に道筋をつけるべく、1994年1月にブリュッセルのNATO首脳会議で非加盟国と信頼を醸成する「平和のためのパートナーシップ（PfP）」を発足させた。プラハではチェコ、ハンガリー、ポーランド、スロヴァキアの首脳と会談し、各国のNATO加盟は「是非の問題ではなく時間と態様の問題」であり、PfPは「NATO加盟に至る道筋」と説明した。その後モスクワでエリツィンとも会談して、PfPへのロシア参加についても原則的に合意した。問題先送りの妥協が成立したとロシアが理解しても無理はなかった。

12月にブダペストで開いたCSCE（欧州安全保障協力会議）首脳会議ではムードが一転していた。クリントンがエリツィンの前で「外部の国がNATO拡大を拒否することは許さない」と言えば、エリツィンは東ヨーロッパ諸国のNATO加盟で「冷たい平和」が到来すると声を荒げた。「不信」の種をまき、「新たな分断の境界」を設けるのか、とすごんだ。クリントンは7月にポーランドなどを訪問し、NATO加盟条件は1995年に決まると伝え、正式加盟を見据えた具体的な日程に踏み込んでいた。エリツィンはこれを裏切りと受け止めたのだ。この年はボスニア・ヘルツェゴビナ紛争でも米露の対立は激しくなっていた。

エリツィンの権幕に驚いたクリントンは、すぐに副大統領ゴアをモスクワへ派遣して、ロシアで下院選挙がある1995年にNATOは拡大しないと約束させた。面会の場はエリツィンの病室だった。ゴアは「ロシアのミール宇宙ステーションとアメリカのスペースシャトルがドッキングするように」、両国が軌道と速度を調整しながら事を進めたいと言った。たとえ話とはいえ、あまりに現実感に乏しかった。エリツィンはすかさず「急に動けば」

ドッキングを危険にさらすと言い返した。翌年5月にモスクワを訪れたクリントンは、アメリカとロシアで大統領選挙がある96年までは、いかなる拡大もないと約束した。エリツィンは「(拡大は)ロシアを侮辱する行為である。我々が必要としているのは汎ヨーロッパの新しい安全保障システムなのだ」と述べた。

共産党候補との決選投票までもつれ込んだ大統領選挙にエリツィンは勝利し、ロシアで共産主義支配が復活する懸念は払拭された。1997年5月に調印された「NATO・ロシア基本文書」は新規加盟国に核兵器を配備しないことを明記した。その6週間後、マドリードのNATO首脳会議は、ポーランド、ハンガリー、チェコを新規加盟国の正式な候補と決めた。ロシアが最終的に妥協したのは、G7がロシアを正式に仲間と認めG8を実現するなど、さまざまな見返りがあったからだ。ロシアを西側世界に組み込む過程では、まだ利害調整が可能だった。

ロシアにも欧米を中核とする世界秩序の中に名誉ある地位を見いだしたいという欲求があった。「ロシアをのけ者にするな」「対等に扱え」というのが、エリツィンの一貫した主張であった。偽りのない本音であっただろう。ゴルバチョフは大西洋からウラルまでをヨーロッパとみなし「ヨーロッパ共通の家」という構想を掲げた。エリツィンはヨーロッパにおける冷戦後の安全保障はNATOではなく、ロシアも加盟するCSCEが担うべきだと主張した。ロシアを新たな国際秩序の名誉ある一員として受け入れるべきだというのが、ゴルバチョフ、エリツィン、プーチンと連なるロシアの指導者に一貫した立場である。欧米にはロシアを仲間として受け入れる気持ちがないとプーチンが悟った時、「冷たい平和」は「熱い平和」（アメリカの駐ロシア大使だったマイケル・マクフォールによる）となり、さらには「熱い戦争」への火種が宿ったのだ。プーチンのウクライナ侵攻が狂気の沙汰であり、時代錯誤と暴挙であることに疑いはない。ただその根底には、歴代のロシア指導者に受け継がれた複雑な心理が沈潜している。それは誇りと傲慢、過信と劣等感がないまぜとなったコンプレックスであろう。

3、ユーゴ空爆の亀裂

「NATO・ロシア基本文書」調印が1997年5月に実現し、翌月のデンバーサミットでロシアが主要国首脳会議の正式の構成国となったことは、冷戦後最大の安全保障問題となっていたNATO（北大西洋条約機構）拡大が一応の軟着陸を果たした証しとみられた。首相橋本龍太郎はデンバーでの記者会見で「今後ロシアがさらに経済改革を加速し、国際社会の建設的なパートナーとして貢献を拡大してゆくことを期待する」と述べ、ロシアをめぐる情勢の変化が日露間の懸案である北方領土問題の解決にも寄与するとの考えを示して歓迎した。G8の一員になったものの、ロシア経済は依然として苦境にあった。法治主義も未完成だった。とはいえ、民主主義と市場経済という価値観を共有する「建設的なパートナー」として世界のエリートクラブに迎え入れられた事実は、少なくも形式上は過去の対立を乗り越えたことを意味していた。ようやく「敵」から「味方」になった体裁が整ったことから、ロシアはNATO拡大という安全保障上の脅威もあえて受忍する選択をしたのである。

ところが翌年には、またもロシアがNATOに不信を募らせる重大事が発生した。世界の火薬庫と呼ばれるバルカンが、その舞台であった。ユーゴスラヴィアでコソヴォ自治州の独立を目指すアルバニア系住民と、これに反対するセルビア系の対立が1998年以降、武力紛争に発展した。コソヴォはユーゴスラヴィアを形成するセルビア共和国の内陸に位置する。人口の9割はアルバニア系で、残りがセルビア系だった。コソヴォは中世セルビア国家の心臓部であった。セルビア人にとっては「心のふるさと」とも言うべき土地であった。

１９８７年にセルビア共和国幹部会議長に就任して共和国の実権を握ったスロボダン・ミロシェヴィチは、コソヴォが享受してきた特別な自治権を大幅に縮小し、コソヴォの実質支配を強めた。これに対し、コソヴォ議会の１００人を超える議員がセルビアからの独立を宣言した。独立運動は当初、非暴力の抵抗を維持していた。97年末から武装闘争を掲げるコソヴォ解放軍（ＫＬＡ）が前面に出るようになった。ミロシェヴィチは同年、連邦の大統領に昇格しコソヴォのセルビア化をいっそう推進した。流血の拡大を受けて欧米とロシアによる「連絡調整グループ」が仲介に乗り出した。和平交渉は難航した。

ユーゴスラヴィアとは「南のスラヴ」を意味する。ロシアとの間には、同じスラヴ系で東方正教会を奉じる民族的、文化的な親近感があった。ロシアは外相から首相となるエヴゲーニー・プリマコフを派遣して政治解決の道を懸命に探った。一方、アメリカのクリントン政権は、ユーゴのミロシェヴィチ政権がコソヴォを支配するため、アルバニア系を対象に「民族浄化」を進めているという構図を描き、ＮＡＴＯによる武力行使へと傾いていった。コソヴォ解放軍の暴力には事実上、目をつぶった。クリントンはのちに、一方的な情報操作をしたという批判を受ける。

1999年3月23日、アメリカの特使ホルブルックとミロシェヴィチが最後の交渉をした。決裂を受けて、NATO事務総長のソラナは、その日のうちにヨーロッパ連合軍最高司令官にユーゴ空爆を命令する。そのころロシア首相プリマコフは大西洋上を専用機でワシントンへ向かっていた。副大統領ゴアを相方とする政府間委員会に出席するためである。機体はカナダのニューファンドランド島上空にさしかかっていた。ゴアから電話が入った。ゴアは間もなくNATOによる空爆が始まると告げた。プリマコフは自分のアメリカ滞在中には空爆を始めない確約を取ろうとした。ゴアは言葉を濁した。プリマコフは搭乗員を呼んで「帰国する」と告げた。空爆に抗議の意思を示すためである。操縦士は驚いて「本当にワシントンに行かないというのですか？　あと3時間半で着くのですよ」と言った。「アメリカには行かない。帰路の燃料が足りなければ、途中で給油してくれ」。この一幕はのちに「大西洋上のとんぼ返り」として語り継がれる。当時のロシアはアメリカの財政支援を必要としていた。アメリカ訪問中に国際通貨基金から50億ドルの融資を受ける協定に調印するはずだった。融資は反故《ほご》となった。それでもプリマコフの決定を英断とたたえる評価がロシアでは今でも大勢である。

NATOは3月24日夜、アドリア海に展開する艦船から巡航ミサイルを発射してユーゴスラヴィア全土への攻撃を開始した。ユーゴスラヴィアは翌日、アメリカ、イギリス、フランス、ドイツとの国交を断絶した。

クリントンからモスクワの大統領エリツィンに電話が入ったのは、空爆開始の3時間半前であった。エリツィンは激怒した。事前に相談がなかったのは、NATOロシア理事会やユーゴスラヴィア問題に関する連絡調整グループの精神に反するではないかと声を荒げた。エリツィンはユーゴスラヴィアをロシアの盟友と呼んだ。国連安全保障理事会に諮らず、ロシアの強い反対にもかかわらず武力行使に及んだのは自分を辱める行為であるとなじった。

クリントンは「私はロシアを経済的に助けるために一生懸命やってきた。去年の秋にも（ロシアに）行ったし、多くの反対を押し切って1996年にも行ったではないですか」となだめにかかった。エリツィンの怒りは収まらず「我々の未来のために、あなたと私のために、私の国とあなたの国のために、ヨーロッパの安全のために、この攻撃を思いとどまっていただきたい」と食い下がった。そうでなければ「我が国民は今後、間違いなく、アメリカとＮＡＴＯに対して悪い感情を抱くようになるだろう」と警告した。

歴史はエリツィンの言葉が正しかったことを示している。

１９９９年4月24日。ＮＡＴＯのユーゴスラヴィア空爆はまだ続いていた。ＮＡＴＯは創立50周年の首脳会議をワシントンで開催した。加盟19カ国の首脳が調印した「新戦略概念」は、活動範囲について「加盟国の防衛だけでなく、ヨーロッパ大西洋地域の平和と安定に貢献する」と規定し、加盟国の域外での活動を正式に認めた。ユーゴスラヴィア空爆は、それを先取りする行為であり、従来の集団防衛の枠を逸脱していた。アメリカはワルシャワ条約機構が消滅したのち、自国が主導するＮＡＴＯの存在意義を模索していた。ロシアから見れば、アメリカはＮＡＴＯの活動範囲を広げるために、コソヴォ紛争をまんまと利用したことになる。「新戦略概念」をめぐっては、域外での武力行使に国連安全保障理事会の承認を義務付ける議論があったにもかかわらず、安全保障理事会は「ヨーロッパ大西洋地域の安全保障と安定に重要な役割を果たす」という玉虫色の表現に落ち着いた。アメリカがロシアや中国の拒否権を警戒したためだった。

ＮＡＴＯのユーゴスラヴィア空爆は6月10日まで続き、一説に４０００人とも言われる市民を犠牲にして終わった。ミロシェヴィチ体制は２０００年の民衆蜂起で崩壊した。彼はジェノサイド（民族大量虐殺）の責任者として人道に対する罪で起訴された。旧ユーゴスラヴィア国際刑事裁判所（オランダ・ハーグ）の結論を待たずに、06年3月に独房で死去した。コソヴォ議会は08年2月に独立を宣言し、欧米主要国や日本など百十数カ国が承認した。ロシアやセルビアは承認していない。

プリマコフのとんぼ返りは、エリツィンと外相コズイレフのコンビが推し進めた「大西洋主義」外交が「多極主義」外交に転じる象徴的な出来事だった。その根底には欧米に対する抜きがたい不信感がわだかまっていた。コソヴォはロシア指導部にトラウマとして残った。プーチンは既に異例の出世を遂げ、この時は連邦保安局（ＦＳＢ）長官の地位にある。エリツィン指導部とアメリカとのやりとりを、つぶさに観察していたに違いない。

ウクライナ侵攻に先立つ２０２２年2月に、フランス大統領のマクロンをクレムリンに迎えたプーチンは、共同記者会見で「ＮＡＴＯは専守防衛の平和的組織であると言うが、我々はイラク、リビア、アフガニスタン、さらに大規模なベオグラード攻撃を目撃している。平和的な組織とは程遠い」と述べた。その際、２回もユーゴスラヴィア空爆に言及している。

ウクライナ東部で親ロシア派が支配するドネツク人民共和国とルガンスク人民共和国についても、コソヴォの独立を認めた欧米諸国が、ドネツクやルガンスクの独立を認めないのは二重基準であると批判を繰り返している。

コソヴォ紛争を経て、クレムリンは新たなレッドラインを引いた。「近い外国」、つまり旧ソヴィエト圏に加え、「スラヴの同胞」には手を出すなと明確に宣明したのだ。

ウクライナはどちらにも当てはまる。

4、戦争の原型と恩恵

1999年のロシアはまさに「どん底」の状態にあえいでいた。前年は恒常的な財政危機にアジア通貨危機の余波を受けてデフォルト（債務不履行）に陥り、通貨ルーブルは暴落し、海外への資本流出が急速に拡大した。大統領のエリツィンは年初から入退院を繰り返し、公の場に姿を見せる機会がめっきり減った。大統領の家族や周辺の「ファミリー」と呼ばれる特権集団の不正が表面化した。クレムリンの改修工事を受注したスイスの建設会社が、エリツィンの次女ディヤチェンコの買い物代金を払っていると報道された。社会と人心は荒廃し、政治に対する怨嗟《えんさ》の声が巷間《こうかん》に満ちていた。エリツィンは99年6月の支持率が7％に低迷し、不支持は91％という惨状にあった。

2000年6月には2期目の期限が切れ、大統領選挙が予定されている。陣営は早急に後継者を定める必要性に迫られていた。そこにチェチェン共和国の武装勢力による蜂起が起きた。99年8月7日、隣接するダゲスタン共和国に侵入して「イスラム国家」創設を宣言したのだ。その二日後に、エリツィンはFSB（連邦保安局）長官のウラジーミル・プーチンを首相に指名し、テレビで大統領後継者であると発言した。

下院がプーチンを首相に承認したあと、8月末から9月上旬にかけて、モスクワの2カ所で集合住宅を爆破するテロが発生し、計200人以上が死亡した。プーチンはチェチェン武装勢力に加え「国際的な破壊工作者」が関与していると決めつけ、「北カフカスにおける対テロ作戦」を発動した。第二次チェチェン紛争の勃発である。チェチェンの独立を防ぐ「憲法秩序の擁護」を目的とした第一次チェチェン紛争（1994年～96年）で、ロシア軍は粗末な作戦や連携の悪さで失態を重ね、膨大な犠牲を払った末に撤退した。兵士の士気も低かった。メディアが現地から惨状を伝え、戦争反対の世論が高まった。

この教訓を踏まえ、首相のプーチンは正規軍、ＦＳＢ、内務省を統括し、戦争指導権を事実上一手に握った。チェチェン共和国への出入りを止め、メディアを締め出した。内外の記者は厳しい規制やさまざまな妨害を受けて自由な戦場取材ができなかった。官製情報以外は国民にも海外にも伝わらない状態を作り上げることにプーチンは成功した。その上で激しい無差別空爆を加え、地上部隊を進行させた。情報統制の効果に加え、テロの脅威がカフカスだけでなく首都モスクワにまで及んだ恐怖と憤りにより、国民は戦争支持でおおむねまとまった。

厳しい情報統制にもかかわらず、耳を覆いたくなるような過酷な状況は徐々に漏れ伝わった。ロシアはチェチェン住民を潜在的な戦士か独立派の協力者とみなし「選別収容所」（フィルター・ラーゲリ）に連行した。拷問を伴う尋問が日常となった。この種の「住民対策」は、ＦＳＢの仕事だった。プーチンが直前まで長官だった組織である。

調査報道で知られたノーバヤ・ガゼータ紙のアンナ・ポリトコフスカヤは命がけでチェチェン取材に取り組んだ。彼女の報告によると、収容所には地面に掘った大きい深い穴があり、捕まった市民はそこに何日間も閉じ込められる。深さは数メートルでトイレもない。市民は寒さや雨に震えながら家畜同然の辱めを受ける。尋問では「電気手袋」を着用させて、電流を流して苦しめる。「ゲリラをかくまったか」「身内に戦士はいないか」と執拗《しつよう》に責め立てる。女性には性的な迫害を加えた。収容所に連行されたまま行方が分からないのは殺されたということだ。ＦＳＢやロシア軍が小遣い稼ぎに、親族から身代金を取って解放する例もあったが、多くは肉体を傷つけられただけでなく精神を病んで戻って来た。アンナもやがてチェチェン人に殺害される運命にあった。

２０２１年にノーベル平和賞を受けたドミトリー・ムラトフが編集長を務めるノーバヤ・ガゼータ紙は、翌22年のウクライナ戦争では活動停止に追い込まれる。

筆者は第一次チェチェン紛争の末期にチェチェン各地を取材した。襤褸《ぼろ》が残る穴の牢も見た。最も驚いたのは、ロシア軍が撤退したあとで見つかった幾つもの弾薬箱に、砕いた人間の骨がいっぱい詰まっていた光景である。虐殺した市民を焼却して戦争犯罪の証拠隠滅を図っていたのだ。空き地には身元が分からないように顔をつぶした死体も放置されていた。足が切断されている死体もあった。今も生死不明のチェチェン人は数知れない。

２０２２年のウクライナ戦争では激戦地の南東部マリウポリに、ロシア軍が遺体を処分するために移動焼却炉を幾つも持ち込んだという目撃談が報じられた。郊外には巨大な集団墓地があるという報告もある。「選別収容所」に連行された市民の証言もある。敵対者は殺し、協力者と使える者は残すという。ウクライナの占領地で世界を驚かせた残虐行為の原型は、20年以上前のチェチェンにあったのだ。閉鎖空間のチェチェンでは、国内メディアがそれを報じることはほとんどなかった。SNSも当時は普及していなかった。ウクライナは違う。情報は瞬時に世界に拡散した。それだけにロシアの国営メディアが、真実とは全く逆の報道を続け、国民の多くが信じているという事実の異常さが際立ってくる。

第二次チェチェン紛争当時のロシア国民は、プーチンの「男ぶり」を熱狂的に支持した。彼は記者会見で「テロリストをどこまでも追い詰める。便所に追い込んでくそツボに漬けてやる」と言った。それをテレビが放送した。女性は眉をひそめたかもしれない。男たちは拍手喝采した。第一次チェチェン紛争は独立を求める民族との戦いであり、どちらに正義があるのかという議論も可能だった。しかし、第二次紛争では敵を「テロリスト」「イスラム過激派」と定義して、悪への憎悪を煽《あお》った。ウクライナ戦争で「敵はネオナチである」と連呼するのと同様である。どちらも「戦争」ではなく「軍事作戦」と言いつくろうのも、国民の微妙な心理をつく工夫である。

チェチェンでは戦闘がある程度落ち着くと、プーチンは私兵集団を率いるチェチェン人の頭目カドゥイロフに同胞を支配させた。そして同胞による同胞の恐怖支配を完成させるために、武器や資金を惜しげもなく供与した。カドゥイロフが殺したチェチェン人は数えきれない。クレムリンはそれを黙認した。カドゥイロフはプーチンに忠誠を誓い、シリア内戦やウクライナ戦争に部下を派遣した。マリウポリで市庁舎に一番乗りしたのは彼の配下にあるチェチェン兵だった。カドゥイロフはその動画を誇らしげにSNSで発信した。プーチンはウクライナでも、モスクワの息のかかったウクライナ人によるウクライナ人支配を強行しようとしている。

第二次チェチェン紛争でプーチンの支持率はうなぎのぼりとなった。病気で弱々しい老人と化したエリツィンにうんざりしていた国民は、健康でタフな新指導者を熱狂的に受け入れた。支持率は「対テロ作戦」を発動して3カ月後の12月には42％に達した。2位の共産党委員長ジュガーノフは13％だった。プーチンと組んだ政党「統一」は年末の下院選挙で大勝利を収めた。この政党の党首は非常事態相ショイグだった。彼はプーチンの最側近の国防相としてウクライナ戦争に臨む。

慎重に情勢を見極めていたエリツィンは、大みそかに電撃辞任してプーチンを大統領代行に任命した。大統領が辞任すれば3カ月以内に選挙を実施しなければならない。チェチェンでの戦争はまだ続いている。プーチン人気に陰りが生じる懸念はなかった。２０００年6月から3月に前倒しした選挙では、もくろみ通りプーチンが圧勝した。半年前まで無名に近かった男が一躍、世界政治の表舞台に躍り出た。エリツィンは心身ともに「死に体」状態だった。ただ、政治家としての生存本能だけは健在だった。プーチンを後継に据え戦争を利用することで、身の安全を図ったのだ。

プーチンは最初の大統領令で、エリツィンと家族の免責特権を認めた。二人の間に約束があったことは想像に難くない。こうしてエリツィン自身も「ファミリー」も刑事訴追を免れた。戦争は国民をまとめ、支持率を上げる。プーチンは戦争の「恩恵」を学んだのではないか。だが人口１００万人余りのチェチェンと、人口４０００万人でヨーロッパと境界を接するウクライナでは全く環境が違う。当時とは異なり世界はネットでつながっている。彼の目には落とし穴が見えなかったのだろうか。

5、黒海艦隊の分割

「黒い海」はいつの世も戦いの海であった。

旧ソヴィエト連邦の黒海艦隊は、南岸に位置するNATO（北大西洋条約機構）加盟国のトルコをにらみ、この海を守る重要な任務を帯びていた。連邦崩壊でウクライナが独立し、艦隊司令部があるクリミア半島のセヴァストーポリはウクライナの領土となった。帰属が曖《あい》昧《まい》となった艦隊は、国情不安の荒波にもまれて漂流を始めた。

1991年12月25日の連邦崩壊を受けて、独立国家共同体（CIS）の首脳会議が30日にベラルーシのミンスクで開催された。連邦が残した「遺産」の相続が最大の問題だった。各国首脳は旧ソヴィエト軍の分割について、「戦略部門」はCIS統合軍の指揮下に置き、その他の軍備や施設は所在地を管轄する国が接収して独自の軍隊を創設する土台とすることで合意した。「戦略部門」の対象や範囲を厳密に詰めなかったことから禍根が残った。帝国の解体は困難な問題は全て棚上げしたまま推移した。新しい独立国家だけでなく、世界も混乱の渦に巻き込まれた。

ロシアとウクライナの間では黒海艦隊の帰属をめぐり、すぐに対立が表面化した。92年5

月にウクライナ大統領のクラフチュクが、艦隊をウクライナ国防省に帰属させる大統領令に署名した。その二日後、今度はロシアのエリツィンが艦隊のロシア帰属を定める大統領令に署名した。両大統領は翌月、交渉により解決する方針で一致した。その後の話し合いは遅々として進まなかった。黒海艦隊の現場も、ロシア側とウクライナ側に割れて対立した。規律は乱れ、士気も著しく低下した。

1994年3月のことだった。セヴァストーポリ中心部に近い兵員住宅に約60人のロシア水兵が押し寄せた。住宅は修繕中で住人のウクライナ水兵が一時的に退去していたので、強引に奪取を図ったのだ。命令を下したのは黒海艦隊司令官の大将エドゥアルド・バルチンだった。ウクライナ側が応援を呼んで退散させた。一触即発の雰囲気が艦隊を覆っていた。

バルチンによると、翌4月にはロシア側の支配下にある測量船をウクライナ側が拘束しようとしたため、水兵を武装させて守った。さらに指揮下にある119隻の艦艇の一部をロシアのカスピ海艦隊や北方艦隊に避難させた。ウクライナ側による接収を恐れたからだ。バルチンはウクライナ大統領のクラフチュクに電話をして「いいかげんにしてください。発砲しますぞ！」と通告したという。もはや統一された艦隊の体を成していなかった。

ウクライナでは94年7月、大統領選挙の決選投票により、クラフチュクからレオニード・クチマに政権が移った。クラフチュクはソヴィエト時代にウクライナ共産党のイデオロギー部門の責任者として保守的な立場にあった。その後、ウクライナで独立機運が高まると民族派に変身した。ロシアのエリツィンと共にソヴィエト連邦を解体した張本人である。黒海艦隊をめぐっても強硬な姿勢を取った。クチマは現実路線に転じ、ロシアとの関係修復に動いた。彼は日常ロシア語を話し、ウクライナ語はたどたどしかった。ヨーロッパに接近しながらもロシアとの関係を重視した。

エリツィンは1996年7月のロシア大統領選決選投票で共産党党首のジュガーノフを制した。健康は極度に悪化し、11月に「虚血性心疾患」で心臓の手術を余儀なくされた。麻酔から覚めると「ボタンはどこだ」と言った。支配者の証しである核兵器の発射権限が手元にあることをまず確認したのだ。ロシアを支配する者の心理とは、このようなものだった。ようやく職務に復帰したエリツィンは、最大の外交懸案であるNATO拡大問題の決着とウクライナとの関係正常化へ動く。

エリツィンは翌年3月にヘルシンキでアメリカ大統領のクリントンと会談し、主要国首脳会議（G7）への正式参加と、新規加盟国に核兵器を配備しない約束と引き換えに、ポーランド、チェコ、ハンガリーのNATO加盟を事実上容認した。5月にはパリでNATO事務総長のソラナと「NATOとロシアの相互関係、協力、安全保障に関する基本文書」に調印し「互いに敵視しない」と明記した。次はNATOをそれ以上拡大させない歯止めをかけなければならない。特に旧ソヴィエト連邦圏、バルト三国やウクライナの加盟は断固として阻止したい。エリツィンはまずウクライナと関係の正常化を急いだ。

ウクライナの国土は、NATO加盟交渉の開始が決まったポーランドに隣接している。もう先延ばしはできない。追い詰められたロシアは交渉をまとめるために妥協を迫られていた。ロシア首相のチェルノムイルジンは5月28日、キーウでクチマと会談し、艦隊をロシア黒海艦隊とウクライナ海軍に分割することで最終合意に達した。ロシアは艦艇338隻、航空機とヘリコプター計106機を、ウクライナは艦艇67隻、航空機90機を、それぞれ手中にした。艦艇の数を見る限りウクライナ側の取り分が大幅に少ない。

だが陸上施設についてはウクライナへの帰属を最終確認し、ウクライナはロシア黒海艦隊が司令部を置くセヴァストーポリの基地などを20年の期限で貸与することになった。ロシアが支払う基地使用料は、年額約９８００万ドルと決めた。ウクライナは国内で消費する天然ガスの８割をロシアに依存し、その支払いが滞っていた。基地使用料はウクライナへの債権を相殺することで話がついた。ロシアはウクライナの領土に核兵器を展開しないことも約束した。これによりロシアは実質的に、クリミアがウクライナ領土であると認めた。

艦隊と主権という最大の懸案が片付いたことを受け、エリツィンは5月31日にウクライナを公式訪問し、クチマと友好協力条約に調印した。ソヴィエト崩壊からほぼ6年半ぶりの関係正常化である。条約は双方が「安全保障を損なう行動を取らない」と明記し、ウクライナがＮＡＴＯに加盟しない事実上の確認を取り付けた。

エリツィンは条約に調印したあと、「未解決の問題はなくなった。ウクライナとの関係は新しい段階を迎えた」と力説した。セヴァストーポリの借用は２０１７年に期限が切れる。この段階では延長が暗黙の合意だった。

ウクライナではロシア寄りの政権と欧米寄りの政権が交代することで、東西の均衡を維持する政治力学が働く。西への引力が格段に強まった時、時の政権がクリミアの艦隊基地の使用を延長しないと言い出す可能性は排除できない。互いに「安全保障を損なう行動を取らない」という条約の文言にも解釈の相違が生じる余地があった。

ウクライナはセヴァストーポリの基地を「もう貸さない」と言い出す切り札を手にした。黒海に面するブルガリアとルーマニアはNATO加盟の希望を既に明らかにしている。セヴァストーポリを追い出され、代わりにNATOの基地ができるのではないかという悪夢が時間の経過とともにロシアを苦しめた。2014年にウクライナで親ロシアのヤヌコーヴィチ政権が突然倒れた時、悪夢が現実となる事態を避けるためにプーチンは手段を選ばなかった。軍隊を派遣してクリミアを強制的に占領し、黒海艦隊の艦艇も接収したのだ。

今度はクリミア半島をウクライナが取り戻しに来るのではないか、という新しい悪夢を見るようになった。どうしたらクリミアを永久に安堵することができるのか。プーチンは考え続けたに違いない。艦隊分割の合意から4半世紀を経て、黒い海はまたも戦場となる。

6、欧米との蜜月

21世紀は波乱のうちに幕が開いた。

2001年9月11日、イスラム過激派アルカイダが乗っ取った旅客機がニューヨークのワールドトレードセンターと国防総省に突入した。アメリカ大統領のブッシュは安全が確認されるまで高高度を飛ぶ大統領専用機「エアフォースワン」に搭乗していた。国防長官ラムズフェルドは万が一に備えて核兵器のDEFCON（準備態勢）を4から3に引き上げた。ロシア軍がそれを察知した。ロシア大統領プーチンはブッシュに電話をかけた。

ホワイトハウスとエアフォースワンの通信は途絶えていた。

30分が経過した。ホワイトハウスの地下シェルターには、副大統領チェイニーらと共に大統領補佐官コンドリーザ・ライスがいた。彼女はロシア語を話す。ブッシュに代わりライスがプーチンに状況を説明して、まかり間違えば核戦争という危機の芽を摘み取った。

ブッシュによれば、プーチンは9・11同時多発テロのあとで「最初に電話をくれた指導者」だった。プーチンは「テロとの戦い」でアメリカを全面支援すると申し出た。アメリカがアルカイダの拠点があるアフガニスタンを攻撃するには旧ソヴィエト圏の中央アジアに基地を確保する必要があった。プーチンはウズベキスタンなど中央アジア各国の首脳と精力的に調整を重ね、素早くそれを実現した。ブッシュは9月20日の演説で「あらゆる国は我々の側に立つのか、テロリストの側に付くのかを選ばねばならない」と述べた。プーチンはすかさず、テロ勢力に関する情報提供、反テロ作戦に参加する輸送機の領空通過の許可など5項目の支援を発表した。ブッシュの言う「我々の側」に立つ姿勢をロシアは鮮明に打ち出したのだ。

プーチンは前年、まだ大統領代行の時代に「ロシア独自の道」について記者の質問を受け、「探さなくても、もう見つけている。民主主義を発展させるのだ。ロシアは特異な国だが、西ヨーロッパ文化の一部なのだから」と述べている。大統領に就任しても、その考えは変わっていなかった。アメリカが「テロとの戦争」に突入する局面で、いち早く、かつ大胆にアメリカ支持を打ち出し、「西側の一員」としてロシアを再興する方向を明確に示したのだった。それまではチェチェンにおける残虐な戦争で欧米の批判を浴びていた。「テロとの戦い」でアメリカと同盟を組んだからには、チェチェン武装勢力も「テロリスト」として整理することができた。事実、チェチェン情勢に関するロシア批判は鳴りを潜めた。

もちろんブッシュ政権が一方的に推し進めるＡＢＭ（弾道弾迎撃ミサイル）制限条約からの脱退やＮＡＴＯ（北大西洋条約機構）拡大など、決して同意できない対立点もあった。それでも「西側の一員」という大きな戦略の中に、従来の遺恨や利害対立を包摂しつつ、千載一週の機会を瞬時に捉え大胆に動いた勝負勘は並外れていた。アルカイダという「絶対悪」が登場し、「善」と「悪」という構図が新たな形で出現した。その衝撃の大きさに乗じ、これまでは「悪」に分類されていたロシアを一気に「善」の陣営へ移そうとしたのだ。

10月7日にアメリカとイギリスがアフガン攻撃を開始すると、ロシアは支持声明を発表した。さらにキューバのルルデスにあるロシア軍の電子情報収集施設の撤去や、ベトナムのカムラン湾にある海軍基地からの撤収など、冷戦の象徴とも言える施設を放棄する決定を矢継ぎ早に下した。

アメリカとの首脳対話も円滑に進むようになった。プーチンは11月に初めて訪米し、ブッシュと共に、戦略核を3分の1以下に大幅削減する方針を打ち出した。ブッシュはプーチン夫妻をテキサス州クロフォードに所有する広大な牧場に招き、ステーキを振る舞いながら歓談した。アメリカの「味方」となったロシアの新たな指導者をひと目見ようと、雨模様の沿道に人々が詰めかけ、争うように握手を求めた。かつてソヴィエト大統領ゴルバチョフが訪米で巻き起こした「ゴルビー」ブームを彷彿《ほうふつ》させる熱狂ぶりだった。地元の高校生との集会でブッシュが「長い間、敵だったが今は友人」と言えば、プーチンも「言行一致の人物と一緒に仕事をするのは喜び」と調子を合わせた。「真夏のテキサスでジョッギングはいかが?」「氷点下50度のシベリアで一緒に走りましょう」。冴《さ》えないジョークの応酬にも会場は大いに沸いた。

ブッシュ政権は1カ月後にABM制限条約からの脱退を通告した。プーチンはフィナンシャル・タイムズと会見し、ロシアの安全保障は脅かされない、ブッシュとの信頼関係も揺らがないと述べた。賛成ではないが、事実上容認するという立場を示した。

NATOとロシアも接近した。イギリス首相のブレアやNATO事務総長のロバートソンが、ロシアに認めていた発言の権利を、意思決定に参画する権利に格上げする考えを表明した。それは翌2002年5月28日にNATO首脳とプーチンが調印した「ローマ宣言」に結実した。1997年に設置した「常設合同委員会」は「ロシアNATO理事会」に格上げされた。

ローマ宣言によれば「ロシアNATO理事会」は「NATO加盟国とロシアが平等な立場で共通の利益のために取り組む」常設機関である。外相、国防相級の会合を少なくとも年2回、大使級、軍事代表級は、それぞれ月に1回開催する。テロとの戦い、危機管理、大量破壊兵器の拡散防止などを協議する。決定はコンセンサスが原則である。ロシアはＮＡＴＯの決定に拒否権を行使する権利を手に入れたことになる。

貿易立国のロシアにとって長年の懸案であるＷＴＯ（世界貿易機関）加盟にも展望が開けた。ブッシュが加盟交渉を強力に推進する姿勢を公に表明した。

プーチンはローマ宣言に調印したあとの記者会見で、ウクライナのＮＡＴＯ加盟について「主権国家であるウクライナには自国の安全保障を追求する権利がある」と語り、強く反対することはなかった。バルト諸国のＮＡＴＯ加盟についても、６月にモスクワで開いた内外記者会見で「決定を尊重する」と述べ、事実上容認する見解を示したのである。

ロシアは９・11同時多発テロを契機に欧米に接近し、ＡＢＭ制限条約からのアメリカの脱退、ＮＡＴＯ第二次拡大を仕方なく受け入れる代わりに、ＮＡＴＯにおける発言権を強化した。経済面でもＷＴＯ加盟への切符を手に入れた。平等な評決権を持つエリート国として、政治面でも経済面でも国際社会に参画するというプーチンの求めに欧米が歩み寄った。ロシアが欧米主導の国際秩序に参画しようと考える限り、さまざまな利害を組み合わせれば全体の調整が可能だった。

アメリカやNATOとロシアの間で「手打ち」が成立したかに見えた。だがロシアは応接間の「正客」ではあるものの、奥の間に招かれる「身内」ではなかった。いったんは納得したプーチンは、次第に不満を募らせてゆく。

7、オレンジ革命

日本の駐ウクライナ大使として天江喜七郎がキーウに赴任し、大統領レオニード・クチマに信任状を奉呈したのは2002年10月である。クチマは1999年11月に再選されて2期目の半ばだった。クチマは天江を別室に招き30分ほど懇談した。一国の元首が新任大使と個別に会談するのは異例の厚遇である。日本はヨーロッパとロシアの間に位置するウクライナを戦略的に重要な国とみなして支援に力を入れていた。ウクライナも日本の姿勢を十分に理解し、経済協力を望んでいた。二人の懇談は、そのような両国関係の現れであった。

この年3月にあった最高会議の選挙は、与党「統一ウクライナのために」が119議席を、野党「われらのウクライナ」が113議席を獲得した。与党は共産党から第一党の地位を奪ったものの、ヴィクトル・ユーシチェンコが率いる野党勢力の大躍進を受けて、クチマ政権は苦しい立場に追い込まれていた。「われらのウクライナ」など野党各党は9月に2万人規模の反政府デモを展開し、テントを張って大統領府を包囲した。約50人が大統領府の中に入り、クチマの辞任を要求した。

クチマを批判した記者が4年前に殺害される事件があり、ここにきて大統領の関与が疑われていた。ウクライナ政府が国連制裁に違反してイラクに防空レーダーを売却したとして、アメリカは経済支援の停止を表明した。クチマは内憂外患の真っただ中にあったのだ。天江は思い切って政情不安の原因をクチマに尋ねた。予期せぬ質問にクチマは少し驚いた様子を見せた。一瞬の沈黙のあとで「それは、ユーシチェンコだ」と答えた。外交儀礼を尊ぶ初対面の場としては大胆な質問だった。そして答えもまた、すこぶる単純明快だった。国立銀行総裁、首相などを歴任したユーシチェンコは、クチマと袂《たもと》を分かち、反政府陣営の中心人物として急速に台頭した。今や不倶戴天の政敵としてクチマの前に立ちはだかっていた。

2年が経過した。2004年10月の大統領選挙は、任期切れを迎えるクチマが後継者に指名した首相ヴィクトル・ヤヌコーヴィチと、ユーシチェンコの一騎打ちとなった。ヤヌコーヴィチは当時54歳。ウクライナ東部の炭鉱地帯ドンバスで20年ほど、自動車関連の国営工場で経営に携わった経歴を持つ。クチマと同じ「赤い工場長」である。ロシア語を話す地域で育ったので、ウクライナ語の演説は得意ではなかった。そこで政権支配下のテレビで職務ぶりを頻繁に放送させて選挙を戦った。クチマもヤヌコーヴィチも共産党支配下で「地方のボス」からのし上がった政治家である。ソヴィエトへの郷愁と古い権力の匂いを漂わせていた。

一方、当時50歳のユーシチェンコは、ロシアからの自立志向が強い西部が地盤でカリスマ性があった。めりはりの効いたウクライナ語の演説で大衆を魅了できた。もう一人の野党指導者で首相候補のユーリヤ・ティモシエンコとの美男美女コンビは、新しい時代の到来を期待させた。ユーシチェンコは絵を描くのが趣味で、妻カテリーナはウクライナ系2世のアメリカ人だった。政権が支配するメディアは、ユーシチェンコを政治には向かない軟弱な男と印象付け、USAID（米国際開発庁）の職員だった妻はCIAの手先であると中傷するキャンペーンを張った。ロシアから見れば、ユーシチェンコは「民族主義者」であり「反逆者」と映った。

クチマは04年7月、ウクライナの軍事ドクトリンから将来のヨーロッパ連合（EU）、N

ATOの加盟を目指す文言を削除した。アメリカの国防長官ラムズフェルドが翌月にウクライナを訪れてクチマと会談し、翻意を求めたが既に遅かった。クチマは東のロシアと西のヨーロッパのバランスを巧みに取りながら政権を運営してきた。2期目の任期切れを見据え、全面的にロシアに歩み寄る姿勢を鮮明にしていた。政敵のユーシチェンコが大統領になってしまえば、刑務所行きを覚悟しなければならない。クチマとプーチンは機会を見つけては会談を重ね、ヤヌコーヴィチを勝たせる戦略を練った。

9月5日にユーシチェンコが倒れた。友人らと夕食を取り、さらに国家保安局の長官スメシュコ、副長官サチェクらと未明まで会食して帰宅したあと、激しい頭痛がして全身が麻痺《まひ》した。生命が危ぶまれる状態だった。ウィーンの病院に飛行機で搬送され、さらにスイスの病院でも治療を受けた。一命を取り留めたものの、顔が腫れてどす黒く変色した。血中から通常の6000倍の猛毒ダイオキシンが検出された。食物に混入したダイオキシンを経口摂取したとみられた。犯人は明らかに暗殺を意図していた。ユーシチェンコは選挙期間中に約1カ月を国外の病院で過ごさねばならなかった。

キーウに戻ったユーシチェンコは最高会議で言い放った。「この顔を見たまえ。これがウクライナの顔だ。ここにいるあなたがたにも、同じことがいつ起きても不思議ではない」。政治家、政商、犯罪組織が混然一体となってウクライナの利権を支配していた。醜く変色したユーシチェンコの顔は、政敵を文字通り葬り去ることで現状維持を狙う勢力が残した黒い手形であった。ユーシチェンコは「敵対陣営」の仕業と述べたが、それ以上は犯人像を具体的に語らなかった。クチマ陣営の背後にロシアがいることは周知の事実である。自作自演説から「外国の諜報機関」の関与まで、さまざまな憶測が流布した。現在も真相は解明されていない。当時は捜査機関自体が機能不全に陥っていた。

アメリカの駐ウクライナ大使として当時キーウにいたウィリアム・グリーン・ミラーは次のように語っている。「この暗殺未遂はハンサムなユーシチェンコの容貌を一変させたが、皮肉なことに、多くのウクライナ人の目には、憎むべき腐敗した体制に傷つけられた〝悲劇の人〟と映った。彼は自分たちのために命がけで戦っているのだ、と人々は考えた。毒殺未遂により彼への支持は、いっそう深く確かなものになった」

大統領選挙は10月31日の第1回投票で、ユーシチェンコが39・87％、ヤヌコーヴィチが39・32％の支持を得て決選投票に進んだ。事前にはヤヌコーヴィチが優勢とみられていた。

プーチンは投票直前の26日にキーウを訪れ3日間滞在した。多忙を極めるプーチンが日帰りできる隣国に3日間も滞在するのは極めて異例である。プーチンは主要テレビの特別番組に出演し、ウクライナ経済が二けた成長を遂げたことを称賛した。ヤヌコーヴィチ内閣は「高度成長の実現だけでなく、質的にも優れた経済を実現した」と強調した。露骨な選挙干渉である。28日には赤軍によるウクライナ解放六十周年記念式典に他の独立国家共同体（CIS）首脳と共に出席した。例年11月6日の式典を、投票日をにらんで前倒しする念の入れようだった。

決選投票は11月21日と決まった。プーチンがまたも動いた。ロシアのクラスノダール州とクリミア半島を結ぶフェリー航路の開通式典を投票日の前に設定し、クチマと共にロシアからフェリーに乗り込み、半島のケルチ港でヤヌコーヴィチが出迎えるという演出だった。クリミア半島に多いロシア系住民の票固めが目的だった。

中央選管が24日に発表した集計結果によれば、ヤヌコーヴィチが49・46％、ユーシチェンコが46・61％の得票率だった。野党側は選挙には大規模な不正があったと主張した。キーウで連日10万人規模の集会を開き、ユーシチェンコは選管発表に先立つ23日に最高会議で一方的に大統領就任を宣誓し、野党の「救国委員会」が臨時政府の樹立を宣言した。キーウ中心部の独立広場を埋めた群衆は、野党のシンボルカラーであるオレンジのマフラーやリボンなどを身に着けて、政府庁舎を封鎖した。全国から集まった市民は約30万人に達した。「オレンジ革命」の始まりである。

プーチンは選管発表を待たずにヤヌコーヴィチを祝福した。アメリカとヨーロッパ連合は選挙のやり直しを求めた。ウクライナの大統領選挙はロシアと欧米の利害が衝突する主戦場でもあった。

不正の実態が明るみに出たのは、大衆運動「ルフ」やチョルノービリ（チェルノブイリ）原発事故を契機にできた環境保護団体など草の根NGOが、投票を厳しく監視したためだった。ミラーは「10年以上にわたり、OSCE、NDI、IRI、その他の欧米のNGOが、ウクライナの選挙監視人に訓練を施してきた。選挙監視人の多くは学生ら若者だった。彼らは自由、公正、透明、正直な選挙を強く求めていた」と回想する。プーチンは公正な選挙を政権への脅威と認識するようになってゆく。市民に民主化意識を植え付ける欧米のNGOを蛇蝎《だかつ》のように嫌い、やがてロシアから追放してしまう。

独立広場の周辺には全国から集まった野党支持者が1000以上のテントを設営した。権力者の不正や政府の腐敗に憤り、民主化を求める民衆のマグマが噴出したという意味で、それはまさに革命であった。暴徒と化す者はなく、小雪が舞う中でボランティアによる炊き出しが整然と行われた。テント村には「リビウ」「オデーサ」など出身地を示す看板が並んだ。キーウ市当局は広場周辺の占拠をあえて容認した。現政権に見切りをつけたことになる。「怒れる有権者による抵抗は、たちまち大衆による合法的な意思表示に転化したのだった」とミラーは述べる。氷点下10度の広場で歴史が動こうとしていた。

ウクライナ最高会議は、決選投票について「国民の意思を反映していない」として無効を宣言し、再投票を求める決議を採択した。野党側の訴えを受けたウクライナ最高裁は12月3日、大規模な不正を理由に決選投票は無効と判定し、やり直しを命じた。独立広場では市民が「ユーシチェンコ！　ユーシチェンコ！」と連呼した。ヤヌコーヴィチは密かに家族をキーウから逃れさせた。

12月26日のやり直し決選投票では、ユーシチェンコが51・99％の支持を得て、得票率44・20％のヤヌコーヴィチを破った。投票日の直前に2回もウクライナ入りして、なりふり構わずヤヌコーヴィチのテコ入れを図ったプーチンのもくろみは失敗した。「革命」は成就した。「反革命」の策動もあった。ヤヌコーヴィチを支持する東部17州の知事らが「地域連合」を設立して、来るべきユーシチェンコ政権に反旗を翻した。のちの「東部紛争」の火種が宿った。クチマはユーシチェンコ勝利を見越して、やり直し決選投票の直前に大統領権限を縮小する憲法改正を巧みに成し遂げてしまった。閣僚人事で首相の権限を強める内容である。これはボディブローのようにあとで効いてくる。

ユーシチェンコは2005年1月に大統領に就任し、ティモシェンコを首相に据えた。政権交代の立役者である二人は間もなく対立を深めた。内閣も分裂状態に陥り、新政権の離陸は難航した。オレンジ革命の熱気は1年で幻滅へと変わっていった。ティモシェンコはロシアとの天然ガス取引で巨万の富を築いた実業家で「ガスの女王」と呼ばれていた。ユーシチェンコとティモシェンコが対立したのは、ティモシェンコの強い自立心と激しい性格が原因だった。加えてプーチンの分断工作の効果も大きかった。ウクライナから手を引くつもりはなかったのだ。

ウクライナは天然ガスの大半をロシアに依存していた。その弱みにつけこんでプーチンは輸出価格を不当につり上げては、ティモシェンコを交渉の席に引き出した。そして彼女を相手に譲歩した。ティモシェンコに花を持たせ、ウクライナ政府で発言力を強めさせることで国内分断を図った。KGB工作員だった男は執拗で狡猾だった。

革命の指導者として求心力を強めたユーシチェンコは、政権の座に就いてからは統率力に陰りが生じた。天江は「(ダイオキシン) 中毒の影響で身体の不調のみならず精神的にも悪影響が起きて、的確な判断力と決断力を保持できなくなったように思う」と回想している。ダイオキシンはユーシチェンコの命を奪いはしなかったが、心身を確実にむしばんでいた。彼を政治家として緩慢な死に追いやったとすれば、犯人は目的の一端を果たしたことになる。

オレンジ革命を通じて、プーチンはウクライナに対して異常な執着を見せた。独立広場の野党勢力を実力で排除するようクチマに求めたという。クチマが応じなかったので流血は免れた。そのような要求をすること自体が完全な越権行為だった。プーチンは2000年に大統領に就任したあとは年に1回の割合でウクライナを訪問していた。ウクライナで政情が不安定となった03年には3回、大統領選挙があった04年には6回も訪問した。

プーチンはなぜ、ここまでしてウクライナを勢力圏にとどめようとしたのだろうか？　ロシア専門家であるアメリカ大統領補佐官のライスは当時、「ロシアがウクライナを失うのは、アメリカがテキサスかカリフォルニアを失うに等しい」との印象を受けたという。ウクライナはテキサスやカリフォルニアとは異なり、独立した主権国家である。極端な例え話とはいえ、やはりライスは慧眼《けいがん》だった。

8、ブカレストへの道

「鬱憤《うっぷん》を晴らす」という表現がこれほどふさわしい演説も珍しいだろう。プーチンがとうとう本音をさらけだした。２００７年2月10日の「ミュンヘン演説」である。毎年2月に開催されるミュンヘン安全保障会議は伝統と権威を誇り、各国の首脳級が集う。演壇に立ったプーチンは「これは単に討議の場ですから、私の言葉に怒らないでくださいね。でも司会が2，3分後に警告の赤ランプを灯《とも》すかもしれません」と前置きした。会場は笑った。プーチンの目は据わっている。ビデオカメラが捉えた手元の演説原稿には、随所に手書きの修正が見られた。直前まで入念に表現を練っていたらしい。集中攻撃の対象はアメリカの「一極支配」だった。

「国際法の基本原則がますます踏みにじられています。個別の規範、そう、本質的には一国の法体系、つまりアメリカ合衆国のことですが、それが経済、政治、文化など全ての領域で他国を縛っているのです。こんなことを誰が喜ぶでしょうか？　誰が喜ぶというのですか？」。冒頭からアメリカを名指しで批判したのだ。そして「ロシアにいつも民主主義を教え込もうとしている人々が、なぜか自分たちは学ぼうとしないのです」と皮肉った。

演壇の前ではアメリカの国防長官ゲーツと、いつもロシアに手厳しい上院議員マケインが最前列に並んで座っている。ＮＡＴＯ（北大西洋条約機構）事務総長からヨーロッパ連合（ＥＵ）の共通外交・安全保障政策上級代表に転じたソラナの姿もあった。プーチンの真正面にはドイツ首相のメルケルとウクライナの大統領ユーシチェンコがいた。

ダイオキシン中毒の痕跡を顔に残すユーシチェンコは老眼鏡を掛けてうつむき、表情も体も固まっている。明らかに元気がない。ゲーツはメモを取りながら無表情で聴いている。マケインは途中でそっぽを向いたり、薄ら笑いを浮かべたりしていた。プーチンが途中で言葉を切って、ゲーツとマケインに挑発的な視線を投げる場面もあった。ロシア国防相のイワノフは時折後ろを振り返り、面白そうに会場の反応をうかがっている。

プーチンはNATO拡大にも怒りの矛先を向け「拡大しないという約束はどこに消えたのか」となじった。OSCE（欧州安保協力機構）はNGOに資金援助をして、人権擁護を名目に「内政干渉」の道具に使っていると断じた。2003年にジョージアで起きたバラ革命、翌年にウクライナで起きたオレンジ革命では、欧米のNGOが民主化を後押しする役割を果たした。ロシアが勢力圏とみなす国々で、欧米の資金援助を受けたNGOが体制転覆の仕掛け人となったという考えに、プーチンはとらわれていた。それは、やがて病的な猜疑心と警戒感へ変わってゆく。

プーチンは2001年にアメリカで起きた同時多発テロを契機に、親米路線を採用していた。だからミュンヘン演説で見せたけんか腰は世界を驚かせた。アメリカがウクライナ、ジョージアのNATO加盟支持やミサイル防衛などに固執したため、ロシアの不満は募る一方だった。国際安全保障の問題に加え、アメリカはロシアの国内情勢にも、ますます口を出すようになっていた。

ロシアではチェチェン独立派によるテロが、依然として頻発していた。2004年9月に北オセチア共和国ベスランで、武装集団が学校を占拠し、児童・生徒ら１２００人以上を人質にして立てこもる事件が起きた。強行突入による制圧で、子供１８６人を含む３３０人の犠牲が出た。「ロシアの9・11」と呼ばれる悲劇である。機を見るに敏なプーチンは、この事件を利用して中央集権を一気に強化する。テロを防ぐためには効率的な統治体制を整えねばならないという理屈を押し通した。ソヴィエト連邦崩壊後に導入された知事公選制を廃し、大統領による任命制に事実上移行した。下院定数の半分を選出する小選挙区もなくして全議席を比例代表制で選出する法改正を強行した。

アメリカ大統領のブッシュは「民主主義を台無しにする決定に懸念を抱いている」と素早く反応した。対外関係担当の欧州委員パッテンが「テロとの戦いを口実に人権を侵害してはならない」と批判した。ブッシュは２００５年5月にラトヴィアを訪問し、第二次世界大戦の終結はバルト3国にとって、ソヴィエト共産主義による「占領」の始まりだったと発言した。プーチンは、バルト3国がナチスと協力した過去を隠そうとしていると反論した。米露は歴史認識でも対立した。プーチンのチェチェン弾圧を批判した記者のアンナ・ポリトコフスカヤが06年10月に殺害された事件では、アメリカ国務省がロシアの言論状況に懸念を表明し「迅速かつ徹底的な捜査」を求めた。ロシアは内政干渉だと反発した。

プーチンは2006年、ロシア最大の石油会社ユコスを強引に解体して、国営のロスネフチに吸収した。12月にはロイヤル・ダッチ・シェルと三井物産、三菱商事が進めてきたサハリン2事業に難癖をつけて事実上乗っ取り、天然ガス輸出の独占権を国営ガスプロムに与えた。与党が下院で絶対多数を占めていたので、どのような法案でも成立させることができた。エネルギーの国家支配は急ピッチで進んだ。

プーチンはウクライナのユーシチェンコ政権との天然ガス価格交渉を決裂させ、ウクライナ経由に頼るヨーロッパへの供給は2006年初頭から途絶えた。真冬のヨーロッパは文字通り震え上がった。「エネルギー恫喝《どうかつ》外交」の発動である。他方で主要財源である原油の価格は、日本や欧米の主要消費国の堅調な景気や、中国、インドなどの需要の増加を受けて06年から上昇を続けた。翌年にかけて、ニューヨーク原油先物相場の平均価格は1バレル60ドル台を維持した。

エネルギー産業の国家支配と原油価格の上昇に支えられて2006年、07年のGDP伸び率は共に7・3%を達成した。06年8月にはパリクラブ（主要債権国会議）に対する債務2

20億ドルを前倒しで完済した。同年11月、ロシアのWTO（世界貿易機関）加盟に関するアメリカとの2国間交渉が妥結した。ソヴィエト崩壊の荒波にもまれたロシアは、ようやく二本の足で大地を踏みしめた感があった。

ロシアは高度経済成長期を迎えた。プーチン政権の発足から7年が経過していた。2008年には任期が切れるので後継者問題も浮上していた。ミュンヘン演説をした07年2月、プーチンを取り巻く政治環境はこのようなものであった。まだ先行きが見えなかった01年、同時多発テロを契機にアメリカにすり寄り「対テロ同盟」を結んだころに比べれば、経済は好調を極め、自身の政治基盤も格段に強化されていた。依然としてロシアを異端視するアメリカへの怒りを無理に抑える必要はもうなかった。「強いロシア」として自己主張できる基盤は既にあった。一方で、この段階でアメリカと決裂する気持ちはまだない。前年7月にはサンクトペテルブルクのG8サミットで初の議長を務めていた。国際社会のエリートクラブという名誉や、「対テロ同盟」というアメリカとの協調の大枠を、ロシアの方から進んでたたき壊すつもりはなかった。

NATOは2008年4月、ブカレストで首脳会議を開催した。クロアチアとアルバニアの新規加盟を承認したアメリカが加盟候補として認定するよう強く求めたウクライナ、ジョージアについては判断を先送りした。初日の2日夜の首脳夕食会は4時間近く続いた。アメリカや冷戦後に加盟した国は、両国の候補認定を求めたのに対し、フランスやドイツなど7カ国がロシアに配慮し慎重論を唱えて平行線をたどった。

ＮＡＴＯ拡大はブッシュ外交の基軸である「自由の拡大」とも重なり合い、域外派兵にも積極的に対処する「新しいＮＡＴＯ」への脱皮を意味していた。価値観や理念を重視するアメリカに対して、力の均衡を重視するフランスやドイツなどはロシアの反対を押し切ることには慎重だった。アメリカから見れば、それは「古いＮＡＴＯ」への執着と映った。首脳会議の成果をうたった「ブカレスト宣言」は「ウクライナとジョージアの加盟に向けた熱意を歓迎する」とした上で「加盟候補入りの申請を支持する」と明記した。アメリカ国務長官のライスは、両国が加盟候補となるのは「時間の問題となった」と述べた。戦争への長い導火線に人知れず火がついた。

ブッシュとプーチンは黒海沿岸の保養地ソチに場所を移して最後の首脳会談をした。プーチンは翌月に、ブッシュは年明けに退任を控えていた。２００1年6月の初会談でブッシュが「目を見て信頼できる人物と分かった」と持ち上げた関係は、「テロとの戦い」という絆は維持したものの、ミサイル防衛やＮＡＴＯ拡大、人権問題など互いに譲れない利害を抱えたまま冷えこんでいた。最後は対話の強化や協力の継続をうたった「戦略枠組み宣言」を発表して破綻を取り繕った。プーチンは別荘で夕食会を開いた。二人は余興のフォークダンスに飛び入り参加し、陽気なひと時を共にした。

9、ルビコン川を渡る

ジョージア北部の南オセチア自治州はロシアの北オセチア自治共和国と接する。どちらもオセット人が主要民族で、ソヴィエト連邦の崩壊までは自由に往来していた。連邦末期に南オセチアの人口は約10万人だった。民族比はオセット人が約7割、ジョージア人が約3割だった。連邦が崩壊して北オセチアはロシアに、南オセチアはジョージアへと帰属が分かれた。ジョージアでは民族主義が高まり、ジョージア語を公用語と定め、南オセチアにも強要した。反発した南オセチアは北オセチアへの編入を求めた。ジョージアは自治権を取り消した。ジョージアと南オセチアとの間で武力紛争が始まった。

1992年6月に和平合意が成立し、ジョージア、ロシア、南オセチアの平和維持部隊が駐留するようになった。部隊の配置や住民の分布が入り組んでいたため、断続的に緊張が高まった。2008年春からは、いつ衝突が起きてもおかしくない状態となった。

第二次ブッシュ政権で国務長官に就任したライスが事態の打開に乗り出した。ジョージア大統領のサアカシュビリは大のアメリカ贔屓《びいき》でNATO（北大西洋条約機構）加盟を掲げていた。この年1月に挙行した大統領2期目の就任式では、パレードする兵士の銃をソヴィエト製のカラシニコフからアメリカ製に代えた。ジョージアに介入する口実をロシアに与えてはならないとライスは考えていた。

2008年の真夏の盛り、ジョージアの首都トビリシでサアカシュビリとライスが向かい合っていた。二人がいるホテルのテラスからは旧市街が見渡せた。サアカシュビリは03年、議場にバラを持ってなだれ込みシェワルナゼ政権を倒した「バラ革命」を主導した男だ。カリスマ性と行動力がある一方で、感情を抑制できない面もあった。ロシアの挑発に乗ってしまうのではないか。ライスは気がかりだった。

サアカシュビリはアメリカの法律事務所で仕事をした経験があるので英語が堪能だった。

ライスは懇々と自重を諭し「あなたは武力不行使誓約に署名する必要があります」と言った。サアカシュビリは難色を示した。一方的な譲歩はできないと言った。ライスは武力衝突が起きたら味方はできないと最後通告をした。サアカシュビリはようやく折れた。ライスによれば、「まるで最後の一人の友人を失ったばかりのような表情になっていた」。

サアカシュビリは約束を守らなかった。ジョージア軍は２００８年8月7日深夜、南オセチアの州都ツヒンバリに多連装ミサイルを撃ち込み、部隊を進攻させた。ロシア軍は8日、大規模な軍事介入に踏み切った。外国に戦闘目的で大規模な部隊を送り込むのはソヴィエト連邦が崩壊して初めてである。ロシアはルビコン川を渡ったのだ。ソヴィエトのアフガニスタン侵攻から30年が経過し、「プラハの春」への軍事介入から40年が過ぎようとしていた。

8日開幕した北京五輪の開会式に出席していたプーチンは、滞在を切り上げて帰国した。9日には北オセチア共和国に入り、陣頭指揮を執った。任期切れを迎えたプーチンは5月に首相に就任し、側近のメドベージェフを大統領に据えて「タンデム（双頭）体制」を敷いていた。戦争は首相の仕事である。チェチェンで残虐な戦争を指導したのも首相時代のプーチンだった。今回も迅速に動いた。アメリカかぶれのサアカシュビリを痛めつける好機が到来したのだ。

戦車や軍用機などの数や装備で勝るロシア軍はジョージア軍を圧倒した。南オセチアの境界の外まで進出して緩衝地帯を確保した。フランス大統領のサルコジやライスの仲介で8月12日に停戦合意が成立した。このため「5日間戦争」と呼ばれる。ロシア軍は71人が死亡、340人が負傷したと公表した。ジョージア軍は軍人と警察官の計180人が死亡したと発表した。数百人の民間人が命を落とした。

黒海に面したジョージア西部のアブハジア自治共和国にも戦火は拡大した。アブハジアでもソヴィエト崩壊後に独立派とジョージア軍の間で内戦が起きたため、ロシア軍が平和維持部隊として駐留していた。主要民族であるアブハズ人と反目するスワン人が住むコドリ渓谷には、ジョージア軍が駐留していた。ロシア軍とアブハジア独立派はコドリ渓谷を攻撃した。沖合ではロシア黒海艦隊がジョージア海軍の艦艇をミサイルで撃沈した。

ロシア軍は停戦後も南オセチア、アブハジアに居座り続けた。ロシア大統領のメドベージェフは8月26日、両地域を独立国家として承認する大統領令に署名した。9月には外交関係の樹立と、両地域にそれぞれ3800人のロシア部隊を駐留させる方針を発表した。ロシア軍基地の設置を可能とする友好協力相互援助条約も結んだ。国境に関する「力による現状変更」にほかならない。ジョージアはもちろん、両地域の独立を認めていない。いわゆる「未承認国家」である。帰属をめぐり国内に紛争を抱えている国はＮＡＴＯ加盟の条件を満たさない。ロシアはこのようにしてジョージアのＮＡＴＯ加盟を実力で阻止したのだった。

黒海に面するジョージアがＮＡＴＯ加盟国となれば、同じ加盟国であるトルコと共に、クリミア半島に拠点を置くロシア黒海艦隊への重大な脅威となる。当時のイラクにはアメリカ軍中心の有志連合が駐留していた。有志連合にはジョージアも参加していた。ジョージアは地理的に「文明の十字路」に当たり、中東が不安定化すれば戦略的な重要性が高まる。ジョージアの加盟はＮＡＴＯの強化につながる。ロシアにとってはジョージアのＮＡＴＯ加盟は、二重三重の意味で脅威であった。ジョージアは「5日間戦争」の勃発を受けて、イラクから部隊を本国に呼び戻した。その際にアメリカ軍が輸送機を提供したことをプーチンは激しく批判した。

ロシアは戦争の前から、南オセチアの住民にロシアのパスポートを発給していた。住民はこのパスポートを使ってロシア領である北オセチアとの間を行き来していた。メドベージェフは戦争が終わったあとで、軍事介入の目的について「ロシア人の保護」であったと述べた。これを聞いて旧ソヴィエト圏諸国の指導者は警戒感を抱いた。自国にもロシア系の住民が多いからだ。独立国家共同体（ＣＩＳ）で南オセチア、アブハジアを公式に承認したのはロシアだけだった。

ジョージア戦争と２０２２年のウクライナ戦争には、幾つか共通の「型」がある。民主化とヨーロッパ連合（ＥＵ）やＮＡＴＯの加盟を掲げる勢力が「カラー革命」という大衆動員型の政権交代を実現した国に、ＮＡＴＯ加盟阻止を図るロシアは軍事力を行使して反革命の目的を遂げようとした。その際「ロシアの同胞を保護する」という大義名分を掲げたのが特徴だ。「未承認国家」を成立させ、逆らう相手国の領土を分割するとともに、未承認国家と国家間条約を結んでロシア軍を駐留させる根拠とした。未承認国家は実態としてはロシアの属領である。ただ、形式上はあくまで独立国家として扱い、ロシアに編入はしていない。相手国の不安定要因として残した上で、状況に応じて活用しようというわけだ。

ただ未承認国家に関してロシアは、ジョージアとウクライナで異なる使い方をしている。ジョージアでは停戦から間を置かず独立を承認した。それに対しウクライナでは住民が２０

14年に樹立を宣言した「ドネツク人民共和国」と「ルガンスク人民共和国」の独立を、開戦直前の2022年2月まで8年間にわたり認めなかった。両共和国をウクライナの自治体として内部に残し、特別な権限を持たせることで、国政への発言権をロシアが間接的に確保し、ひいてはNATO加盟を妨害する可能性を追求したためである。独立を承認し国家間条約を2月21日に締結したのは、国外派兵の根拠を形式的に整えるためであった。当初の計画では、ウクライナに一定の主権を認めた上でNATOとの間に位置する「緩衝国家」として維持するつもりだった。ウクライナとの開戦は、力づくで「傀儡《かいらい》国家」に改造する計画へ転じたことを意味する。

第四章　核を弄ぶ皇帝の命運

1、クリミア強奪の代償

ロシアでは2014年春、クリミア「奪還」の祝勝気分が冷めやらなかった。

5月25日、ウクライナでは大統領選挙が実施された。21人の立候補者のうち、外相などを歴任したペトロ・ポロシェンコが得票率54・7％で当選した。オレンジ革命で主役の一人だった元首相ティモシェンコや、ロシア寄りの元副首相チギプコを大きく引き離しての圧勝だった。ポロシェンコは南部オデーサ州で生まれ、キーウ大学で国際関係を学んだ。卒業後に菓子メーカー「ロシェン」を起こして巨額の富を築き「チョコレート王」と呼ばれた。オレンジ革命ではあまり目立たない指導者の一人だった。街頭集会でマイクを握るのは、いつも元大統領ユーシチェンコやティモシェンコで、ポロシェンコは一歩下がった位置にいた。資金は援助しても主役の座を争おうとはしなかった。派手さはないものの、人脈が豊かで調整力に優れていた。時勢が彼を表舞台に押し出した。遅れてきた男は「ヨーロッパ統合」の旗を再び高々と掲げた。

選挙では大きな異変が起きた。これまでのウクライナ大統領選は、ロシア寄りの候補者が東部で票を集め、ヨーロッパ志向の候補者が西部で得票するという東西対決の構図がはっきりしていた。ところがポロシェンコは東西の全域で満遍なく支持を集め、混乱や決選投票が付きものとなっていた大統領選で珍しく圧勝した。

従来は親ロシア候補の支持基盤だった東半分が、ヨーロッパを向くポロシェンコをおおむね支持したのは、軍事圧力でクリミアを奪い、東部ドンバスに軍事介入したロシアへの強い反感が広がったためとみられた。プーチンはクリミアを手に入れたが一方で、ウクライナを失ったのである。ウクライナでは東西の分断を一応克服して、国家全体がヨーロッパへの道を歩む気運が生まれようとしていた。

投票が実施できなかった地域もあった。ロシア首相のメドベージェフは、わざわざ投票日を選んでクリミアを訪れ、ロシアの支配を誇示した。東部のドネツク、ルガンスクの2州でも、州庁舎などを占拠した過激な親ロシア派が投票を妨害した。伝統的にドンバスと呼ばれる炭鉱地帯である。彼らは「ドネツク人民共和国」「ルガンスク人民共和国」の樹立を宣言した。ロシアへの回帰を果たしたクリミアに続いて、ドンバスは荒々しく異端の声を上げ、存在を主張し始めた。ようやく一つにまとまろうとしているウクライナにあって、それは癒えない傷のように疼《うず》いた。強奪とはいえ戦闘も死傷者もなかったクリミア占領とは対照的に、ロシアの軍事支援を受ける民兵や義勇兵とウクライナ軍による死闘は泥沼化した。絶え間ない砲撃と地雷のため、多くの非戦闘員が命を落とした。国際社会も懸命に調停を試みたが失敗に終わった。紛争は1万4000人を超える死者と200万人ともいわれる避難民を生み出しながら、来るべき全面戦争へと血染めの軌跡を描いてゆく。

7月17日、ドネツク州上空を飛んでいたマレーシア航空MH17便のボーイング777型機が、地対空ミサイルで撃墜され、乗員乗客計298人が死亡した。紛争とは全く関係がない外国人ばかりだった。アムステルダムからクアラルンプールへ向かう機中はアジアで休暇を過ごす家族連れが多く、死者の80人以上が子供だった。際限のない殺し合いが紛争最大の悲劇を招いた。

その日は、たまたま米露大統領の電話会談があった。プーチンはオバマを相手に最初から、とげとげしい口調でアメリカが前日に発動した新たな制裁を批判した。約1時間の会話の半ばになって、「ところで」と前置きして、まるで思い出したかのようにマレーシア航空機墜落の初報に軽く触れたものの、多くは語らなかった。問題はたちまち国際化した。

惨事が起きた日、筆者はウクライナ外相のクリムキンとのインタビューを終えてキーウにいた。一報を聞いて夜行列車でドネツク州の州都ドネツクへ向かった。ドネツク駅の周辺は断続的に爆撃があった。ただ列車は正常に運行していた。墜落現場に行くには「ドネツク人民共和国」の許可が必要だと言われた。州庁舎は「共和国」の兵士たちが占拠していた。パソコンとプリンターしかない一室に女性が一人いた。パスポートを見せると、手数料を取って簡単な通行証を印刷してくれた。

現場のグラボボ村までは車で2時間半かかる。何回も「共和国」の検問を抜け、ヒマワリが咲く草原を走った。突然、大地の色が変わり、黒焦げの鉄の原野が出現した。撃墜された機体は全く原型をとどめず、破片が地面を覆っていた。傾いた木製の電柱が十字架を連想させた。数十メートル先は住宅だった。遠巻きに眺める住民に証言を求めた。彼らは氏名を明かそうとしなかった。現場の警戒に当たる覆面の兵士を恐れている様子だった。親ロシア派武装勢力と一般住民は決して一体ではないと感じた。調査に来た欧州安保協力機構（OSCE）の停戦監視団の行動を兵士たちが妨げた。

オランダ主体の国際捜査団は2019年6月、MH17便を撃墜したとして次の4人を殺人容疑で起訴し国際手配した。

一、〈イーゴリ・ギルキン〉ロシア人。48歳。ドネツク人民共和国の国防相。ロシア連邦保安局（FSB）元大佐。現地ではストレルコフという偽名を使っていた。

二、〈セルゲイ・ドゥビンスキー〉ロシア人。56歳。ロシア軍参謀本部情報総局（GRU）所属。

三、〈オレーク・プラートフ〉ロシア人。52歳。GRU特殊部隊の元兵士。ドネツク人民共和国諜報部門に所属。

四、〈レオニード・ハルチェンコ〉ウクライナ人。42歳。反政府側の部隊指揮官。

国際捜査団は現場一帯で発見したミサイルの破片に残っていた製造番号や衛星写真、盗聴記録などから、ロシア南西部クルスクを拠点とするロシア軍第53旅団の移動式地対空ミサイル「ブク」が機体を直撃したと判定した。ミサイルはドネツク州に隣接するハリコフ州の農地から発射された。主犯格のギルキンはマレーシア航空機の墜落直後に、ロシアの交流サイトにこう書き込んだ。「たった今、アントーノフ26を撃墜した。我々の領空を飛ぶなと警告したはずだ」。直後にこれを削除した。ウクライナ軍の輸送機ではなく、民間機を誤射したと気付いて慌てたらしい。

ギルキンはモスクワ国立歴史文書大学を卒業して、仲間と共にモルドバの親ロシア派占領地である沿ドニエストル共和国に向かい、義勇兵として政府軍との戦闘に参加した。その後はボスニア紛争にも赴き、セルビア共和国側で戦った。ロシア・カフカス地方チェチェン共和国で独立派が立ち上がった武装闘争では、ロシア側の義勇兵として戦った。一時はロシア軍に在籍した。のちにFSB（連邦保安局）特殊部隊に移り、2013年に大佐で退役したことになっている。しばらくは企業の警備をしていたものの、ウクライナで動乱が起きると戦士の血が騒いだ。

ギルキンが50人余りの部下を率いてロシアからウクライナのドネツク州へ越境したのは2014年4月である。行動的な民族主義者であるアレクサンドル・ボロダイがモスクワからやって来て、ドネツク人民共和国の首相に収まっていた。ギルキンとは旧知の間柄だった。実戦経験が豊富なギルキンはたちまち頭角を現し、5月には人民共和国の国防相になった。

ギルキンがドンバスで思い描いていたのは、ロシア革命後の内戦で赤軍と戦った白軍の姿である。部下に汚いののしり言葉を禁止したり、盗みを働いた兵士を即決裁判で銃殺したりした。「我々は正教の軍隊である。イエス・キリストのために軍務を果たすことに誇りを抱いている」とも述べている。独善的で峻厳《しゅんげん》だったので、炭鉱地帯の男たちとはそりが合わなかった。モスクワのクレムリンでドンバス問題を担当していた大統領補佐官スルコフとも対立し、マレーシア航空機撃墜の翌月にモスクワへ召還された。

更迭が決まった後で、ギルキンとボロダイが電話で交わした会話の盗聴記録を国際捜査団が公表している。そこには投げやりな雰囲気が漂っている。

ギルキン「さて、俺は本部に戻ることになった」

ボロダイ「本部に戻るのか?」

ギルキン「向こうで考え方が全部変わった。俺たちはもう裕福な酪農家ではなく、貧乏な不具者《マ》、《マ》つまりは物乞いってわけだ」

「本部」とは二人を操ったＦＳＢを指すのだろう。ドネツク人民共和国の幹部は当初、地元の人間ではなかった。過激な民族主義者であるボロダイやギルキンには彼らなりの信念があった。だが、しょせんはプーチン政権がモスクワから操る傀儡《かいらい》にすぎなかった。国際捜査団によれば、ドネツク人民共和国の幹部たちは、ＦＳＢから支給された特別の携帯電話を使ってモスクワの「上司」と毎日のように連絡を取っていた。大事な決定はクレムリンやＦＳＢ、ＧＲＵが下し、現地の代理に指示をするのだった。手先として不都合があれば解任した。国際捜査団は「ロシア連邦がドネツク人民共和国に対して及ぼす影響力は、行政、財政、軍事の領域に及んでいた」と結論付けている。手先を送り込み、資金と武器を与えていたという意味である。

かつて共産党独裁体制を支えたＫＧＢ（旧ソ連国家保安委員会）は、国内部門をＦＳＢが、海外部門を対外情報局（ＳＶＲ）が引き継いだ。国内を担当するはずのＦＳＢがウクライナで謀略に携わるのは、プーチンがウクライナを外国とはみなしていないからだろう。２０２２年のウクライナ侵略戦争でも、ロシアが占領した土地には、いつの間にか新しい「指導者」が現れて、地元の行政を乗っ取ってしまう。背後ではFSBやGRUが糸を引いているとみなければならない。それが戦時下における「親ロシア派」の正体である。

2、巨大な緩衝地帯

ドンバスで砲声や爆発音が響かない日はなかった。

親ロシア派がドネツク州とルガンスク州で「人民共和国」の樹立を宣言した2014年4月以降、市民の犠牲は増すばかりだった。クリミアに現れた兵士とは異なり、ドンバスのロシア兵は正体を隠そうとせずに、認識票を付けたままだった。戦車や移動式の重火器が、我が物顔で隣国の領土を移動していた。9月にはベラルーシの首都ミンスクでの交渉で停戦合意が成立した。それでも戦火はやまなかった。年が明けると、流血の拡大をみかねたアメリカがウクライナに武器を供与する可能性が現実味を帯びた。国務省報道官のサキは2月初めの記者会見で「現地の動きを見ながら検討を続けている」と述べた。

2015年2月11日、ミンスクの独立宮殿にドイツ首相のメルケル、フランス大統領のオランド、ロシア大統領プーチン、ウクライナ大統領ポロシェンコが姿を見せた。ウクライナが米露の代理戦争の場と化す事態を、隣接するヨーロッパとしては座視できない。紛争による死者は既に約５５００人に達していた。メルケルは1週間でキーウ、モスクワ、ワシントン、オタワを訪問し各国首脳と調整を重ね、ミンスクに乗り込んできた。ドイツとフランスがロシアとウクライナの間で仲介役となり、鎮静化への道を開く覚悟を決めていた。

親ロシア派はドネツク州の要衝デバリツェヴォで、約５０００人のウクライナ兵を包囲していた。ウクライナにとっては前線に展開する全兵力の３分の１に相当する。民兵だけでできる作戦ではない。ロシア軍の大部隊が前線に存在していた。プーチンは大量のウクライナ兵の命をカードに握った上で交渉の席に着いた。協議は夕方に始まり16時間余りに及んだ。包囲したウクライナ部隊の降伏をプーチンは執拗に迫った。ポロシェンコは拒否した。何時間も言い争いが続いた。メルケルが割って入り、本題の停戦について先に話し合うことになった。

会場は大きな広間である。メルケルとプーチンはドイツ語とロシア語で、ポロシェンコは英語とロシア語で、オランドはフランス語と英語で話した。隣接する別室は、外相や通訳を除いて首脳だけが密談する場所になった。各国の外相や通訳も広い室内を目まぐるしく行き来した。メルケル、プーチン、ポロシェンコは一睡もしなかった。オランドはソファに座って、ごく短時間まどろんだ。ポロシェンコはプーチンに国境の管理権を引き渡すよう求めた。その問題はドネツクとルガンスクの住民と話してくれ、ロシアは関知しない、とプーチンはうそぶいた。ポロシェンコは連中を相手にする気はないと言い返した。独立を認めることになるからだ。

朝になって、ようやく合意案の骨格が固まった。近くの建物に親ロシア派の代表二人が待機していた。メルケルはプーチンに、彼らが署名するかどうかを尋ねた。するだろう、とプーチンは答えた。大統領補佐官のスルコフが連絡に出向いた。間もなく拒否の回答が届いた。朝の8時になっていた。沸点の高いメルケルも、さすがにぶち切れた。これ以上は時間の無駄だ、協議を打ち切ってオランドと共に帰国すると言い出した。プーチンが押しとどめて、親ロシア派の代表たちに電話を入れ同意を取り付けた。そもそも親ロシア派はロシアの操り人形にすぎない。ぎりぎりの局面で、譲歩を引き出すためにプーチンは芝居を打ったのだ。親ロシア派が実際に署名したのは、さらに2時間が経過してからだった。その間にもドンバスでは包囲下のウクライナ兵が命を失っていた。メルケルによれば、それが「ロシア流のゲーム」だった。

マラソン交渉を終えたプーチンが記者団の前に姿を見せた。晴れ晴れとした様子で「皆さん、おはよう」と言って、余裕の笑みを浮かべた。ポロシェンコは目がくぼみ不機嫌な表情で「ロシアの提案には受け入れがたいものがあった」と言った。オランドは疲労困憊《こんぱい》して精彩がなかった。メルケルは普段と変わらない様子だった。大広間中央の巨大なテーブルには、ホスト国ベラルーシ大統領のルカシェンコが用意したステーキやフルーツ、ケーキなどのビュッフェが、ほとんど手つかずのまま残っていた。ルカシェンコによれば「コーヒーはバケツで量るぐらい飲まれた」。

停戦合意は前年9月にミンスクで調印された「ミンスク1」と区別するために「ミンスク2」と呼ばれた。即時停戦と重火器の撤去の開始から30日以内に、ウクライナ最高会議が東部2州の親ロシア派支配地域に「特別な地位」を付与する決定を採択し、これらの地域で地方議会選挙を前倒しして実施する。選挙の翌日から、東部国境の管理権を親ロシア派からウクライナ政府に移管する作業を「開始する」。2015年末までに「分権化」の憲法改正を実施し、親ロシア派支配地域の「特別な地位」を恒久化する。これを見届けた上で、国境管理権のウクライナ移管を、親ロシア派の「同意を得て」「終了する」。「外国軍隊の撤退」も明記したが期限は定めなかった。

カーネギー財団モスクワ・センター所長のトレーニンによれば、ミンスク2の要点は「特別な地位」にあった。ロシアの意のままになる東部の親ロシア派支配地域が「国の外交政策に事実上の拒否権を持つ」ことで、NATO加盟を阻止できるようにウクライナを改造してしまおうというのだ。ウクライナでは「トロイの木馬」を引き入れる愚挙として猛反発を受けるようになる。

実は「特別な地位」や前倒し選挙、国境管理権の移管などは、ミンスク1も明記していた。しかしながら、どちらが先でどちらが後かという前後関係が曖昧だった。ミンスク2では、まず「特別な地位」が保証され、そのあとで初めて東部国境の管理をウクライナが取り戻す仕組みになっている。「特別な地位」はミンスク1では3年の暫定措置だったのに対し、ミンスク2では憲法で恒久的に定めることになった。

ロシアはこの間、大量の軍隊を送り込み、戦場で有利な状況を作り出し、停戦交渉でもより多くの果実を摘み取った。ウクライナにとっては屈辱的な譲歩だった。メルケルがポロシェンコを押し切った。停戦合意の成立で、アメリカから武器の供与も期待できなくなった。ポロシェンコは心の中で嘆いたに違いない。プーチンの高笑いが聞こえるようだった。メルケルは胸をなで下ろしただろう。ロシアとヨーロッパは紛争を凍結することで、ウクライナを生かさず殺さず巨大な緩衝地帯とすることで手を組んだ。それでもメルケルは「まだいくつもハードルが残っている」と慎重な姿勢を崩さなかった。プーチンを信用していなかったのだ。

国連安全保障理事会は2月17日、ロシアの求めに応じて「ウクライナの主権、独立並びに領土保全に対する安保理の十分な尊重を再確認し」、ミンスク2を支持する決議を採択した。ミンスク2は国際社会の公認を受けて、ドンバス紛争の解決を目指す唯一の政治的な枠組みとなった。プーチンは執拗にウクライナに履行を迫った。ウクライナ国内では一方的な譲歩に批判が強まるばかりだった。ポロシェンコはロシア側の停戦破りを理由に、ミンスク合意を事実上棚上げした。後任のゼレンスキーにも反対論を押し切るだけの力はなかった。

プーチンは2022年2月、モスクワを訪れたフランス大統領のマクロンとウクライナ情勢について会談した。共同記者会見でプーチンはミンスク2について「ほかに方法はない」

と断言し、ゼレンスキー政権に履行を強く求めた。マクロンもミンスク2は政治解決の「基盤」であると述べた。既にロシアはウクライナ国境周辺に空前絶後の大軍を集結させていた。軍事的な圧力をかけつつも、最終的な落としどころはミンスク2との見方は根強く残っていた。ところがプーチンは、マクロンとの会見から2週間後の21日、ドネツク人民共和国、ルガンスク人民共和国の独立を承認する大統領令に署名した。東部の親ロシア派地域をウクライナに残存させるミンスク2の命運を自ら絶った。首脳たちが一堂に会し徹夜で達成した合意は幻と化した。

3、核兵器による恫喝

1991年12月25日午後7時、ソヴィエト連邦大統領のゴルバチョフはクレムリンで辞任の演説をした。8月のクーデターで自分を救ったロシア大統領のエリツィンの功績には言及せずに、「国を分割する」重大な決定は「国民の意思」によってのみ下されるべきであったと述べた。ウクライナ、ベラルーシの首脳と共に、勝手にソヴィエト連邦を解体し、独立国家共同体（CIS）の発足を決めてしまったエリツィンへの当てつけだった。テレビで視聴していたエリツィンは怒った。演説の後で「核のボタン」の引き継ぎが予定されていた。自分は行かないと言い出した。そしてソヴィエト最後の国防相となるシャポシニコフに、代理として話をしてほしいと頼んだ。

シャポシニコフはゴルバチョフのもとへ赴き、エリツィンの意向を伝えた。クレムリンのエカテリーナの間で、核のボタンの引き継ぎ式を執り行うというのだ。ゴルバチョフは見世物に付き合うつもりはなかったので、「核のブリーフケースと携帯電話のような装置を、シャポシニコフと二人の大佐に渡した」（ウィリアム・トーブマン著『ゴルバチョフ』）。アメリカと覇を競い世界を脅かした強大な核戦力は、まるで忘れ物でも渡すように、ソヴィエトからロシアへと移管されたのだった。

１９９０年代のロシアは苦難の時代として国民の記憶に刻み込まれた。社会は混乱を極め、経済は低迷した。軍人の給料さえ支給が滞り、核戦力の刷新や強化などおぼつかなかった。この間にアメリカは着々と技術革新を進め、ソヴィエト連邦崩壊から10年後の２００１年12月、弾道弾迎撃ミサイル（ＡＢＭ）制限条約からの脱退をロシアに通告し、本土や同盟国を核攻撃から守るミサイル防衛計画を推進する方針を明らかにした。これに先立ち大統領のブッシュは「もはやロシアは敵ではない」という理由により、冷戦時代の東西核秩序の要として機能してきた「相互確証破壊（ＭＡＤ）」の放棄を宣言した。ＭＡＤは防御態勢をあえて脆弱に保ち、先制攻撃を仕掛ければ残存兵器によって確実に反撃を受ける状態を作り出すことによって、核攻撃を相互に抑止する仕組みである。ミサイル防衛計画が成功裏に推移すれば、核戦争でアメリカが一方的に優位に立つことになる。

ＡＢＭ脱退を通告されたロシア大統領のプーチンは、アメリカの決定は「間違い」であると述べ、反対の立場を示した。ただ、ロシアの安全保障に重大な脅威とはならないとも語り、抑制的な姿勢で応じた。３カ月前にアメリカで起きた９・11同時多発テロを利用して、アメリカとの協調路線を打ち出していたし、ロシアは１９９０年代の荒廃から立ち直りつつあったとはいえ、多弾頭化などの手段でミサイル防衛網を無力化させ、ブッシュの計画を断念に追い込むほどの力は回復していなかった。抵抗するより受容することで別の利益を得ようとしたのだ。当時のプーチンは、柔軟で現実的な判断ができた。アメリカがロシアを対等なパートナーとして扱い、自らも国際社会の指導者の一人として尊敬を受けたいという夢がかなうかどうか、疑う気持ちを抱くようになった。

プーチンは屈辱を忘れるような人間ではない。2000年代に主要輸出品目である原油の価格が高止まりして歳入が増えると、核兵器を柱とする軍備の強化に着々と取り組んだ。2018年3月の年次報告は、ABM制限条約消滅への「回答」と自ら位置付ける内容だった。この報告には核兵器に関するプーチンの考え方が鮮明に現れている。それは4年後のウクライナ戦争で繰り返す「核の恫喝《どうかつ》」にも共通する論理であり声色である。

この日の会場はクレムリンに近い「マネージ中央展示館」だった。例年とは違う趣向が準備されていた。プーチンが立つ演壇の背景がスクリーンになっていて、グラフや動画が必要に応じて現れる仕掛けが施されていた。プーチンは例年のように経済や社会福祉の成果について1時間余り語ったあとで「主要な課題」として国防問題に話題を移した。聴衆の最前列には上下両院議長や首相のメドベージェフと並び、モスクワ総主教キリールの姿もある。その後方には全閣僚に加え、上下両院の議員やイスラム教など宗教界の指導者、青年組織の代表らが、びっしりと並んでいる。女性初の宇宙飛行士ワレンチーナ・テレシコワ、レスリングの金メダリストで「霊長類最強の男」と異名をとったアレクサンドル・カレリンも下院議員の資格で参列していた。

プーチンはアメリカのＡＢＭ制限条約脱退から話を始め、「条約が無効となった後も、我々はアメリカ人を交渉の席へと連れ戻し戦略的安定を達成しようと努力してきた」と振り返った。しかしアメリカにとっては「ロシアの意見など考慮するに値しなかった」。ミサイル防衛の基地が今やルーマニアやポーランドに出現している。この間、我々は手をこまねいていたわけではない。「その答えがここにある」

プーチンが「ビデオ！」と言うたびに、ミサイル防衛網を無力化する新兵器が次々にスクリーンに映し出される。新型の大陸間弾道ミサイル（ＩＣＢＭ）「サルマト」の多弾頭が目標に降り注ぎ、原子力推進の巡航ミサイルが山河を縫って目標に迫る。核弾頭を搭載した魚雷は原子力で深海を進み、敵国に近づくと海から飛び出し、都市を火の海にする。空中発射の極超音速ミサイル「キンジャル」は、核弾頭も通常弾頭も搭載可能で、どんな防空網も突破できる。キンジャルはウクライナ戦争でもたびたび使用された。

プーチンは6回「ビデオ！」と言った。そのたびに参加者から拍手が沸く。プーチンが「ロシアは世界最強の核大国である。これまで我々とは誰も本気で話し合おうとしなかった。誰も我々の話に耳を傾けなかったのだ。今こそ聞くがよい！」と叫ぶと、全員が立ち上がって拍手をした。プーチンの言う「強いロシア」を体現するのが核兵器である。核兵器は全ての力の源泉であり、相手に話を聞かせ、意見を押し通すための究極の道具である。プーチンによれば「戦略的均衡と力のバランスこそが、過去も未来も国際安全保障の最も重要な要素」である。アメリカのＡＢＭ制限条約脱退によって崩れていた力の均衡を、ロシアは新型兵器の開発で取り戻しただけでなく「最も強力な核大国」として蘇《よみがえ》った——というのがこの日の主要なメッセージであった。

披露した新兵器は「こけおどしではない」とプーチンはすごんだ。核の恐怖で相手を威圧するためには、核使用が現実的な選択肢であることを繰り返し見せつける必要がある。国営テレビが２０１５年3月に放送した特別番組「クリミア、祖国への道」でプーチンは、14年2月のウクライナ政変で親ロシア派のヤヌコーヴィチ政権が倒れ、親欧米の野党勢力が政権を掌握し、ロシアがクリミア併合という報復に動いた時、核兵器使用の準備をするようロシア軍に指示したと語った。情勢の推移に伴い、アメリカが軍事介入すると恐れていたというのだろうか。いつ、どのような局面で核を使うことになると考えていたのだろうか。

２００３年に改訂した軍事ドクトリンでは「ロシアと同盟国への軍事的圧力、攻撃を許さない」ために「戦略抑止力の限定使用」を検討すると規定している。当時のウクライナで起きた一連の出来事は、この軍事ドクトリンが定めた核兵器の使用条件に当てはまらない。単に機会を捉えて核使用の本気度を宣伝したとみるべきだろう。

ロシアは2020年6月に「核抑止の分野における政策の基本」という指針を公開した。現段階ではあらゆる核兵器は、この指針に従って運用される建前である。それによれば、ロシアが核兵器を使用するのは以下の状況に限られる。

①敵国による弾道ミサイル発射の信頼できる情報
②敵による核兵器または他の大量破壊兵器の使用
③破壊されると核戦力による反撃を損なう重要施設に対する攻撃
④通常兵器による攻撃であってもロシアが国家存亡の危機に直面する場合

ウクライナ戦争において最も現実味があるとみられたのが②のケースである。ウクライナが化学兵器や生物兵器を使用する準備を進めているとロシアは繰り返し警告した。自ら化学兵器を使って、それをウクライナの仕業と言い張り、「敵による大量破壊兵器の使用」を口実に核兵器を限定的に使用して、戦局の根本的な転換を図る可能性があると推定された。それにＮＡＴＯがどう対処したのかは後述しよう。

4、勝者なき核戦争

核保有国のアメリカ、ロシア、中国、フランス、イギリスの5カ国はウクライナ戦争前の2022年1月3日、「核戦争の防止と軍拡競争の回避」に関する共同声明を発表した。声明は「最も重要な責任」として「核保有国同士の戦争の回避と戦略的リスクの低減」を掲げた。「核戦争に勝者はいない」と述べ、核兵器は「防衛が目的」であり「侵略の抑制、戦争防止」の手段であると明記した。さらに「核の威嚇に反対することの重要性」にも言及した。ニューヨークの国連本部で翌日から始まる予定だった核拡散防止条約（ＮＰＴ）再検討会議に向けて、核保有5大国が核軍縮に取り組む姿勢を打ち出し、批判を緩和する狙いがあるとみられた。

ロシア外務省は、この声明はロシアが提案したとわざわざ公表した。提案した国が「核の威嚇」を繰り返していること自体が、声明の信頼性を深く損なっている。プーチンがこの段階でウクライナ侵攻を既に決意していたとすれば、声明が明記した「核保有国同士の戦争の回避」をアメリカに確認させ、欧米をけん制する効果を狙っていたとみるのはうがちすぎだろうか。いずれにしても、「戦略的リスクの低減」を約束した国が、翌月にはミサイルを隣国に打ち込み、地上軍を侵攻させたのだから、声明は「茶番」のそしりを免れない。

プーチンは2月7日にモスクワでフランス大統領のマクロンと会談した。会談後の共同記者会見で次のように述べている。「もしウクライナがNATOに加盟し、軍事的手段でクリミアを取り戻そうとすれば、ヨーロッパ諸国は自動的にロシアとの武力紛争に巻き込まれる。もちろんNATO全体の軍事力はロシアとは比べものにならない。だがロシアは代表的な核大国の一つで、先進性において多くの国に勝る兵器も有している。この戦いに勝者はない。あなた方は自らの意志に反して、この戦いに引きずり込まれてしまうかもしれないのですよ」。ウクライナのNATO加盟が核戦争を誘発するシナリオを具体的に描いてみせたのだ。クリミアを守るためなら、核兵器の使用をためらわないと言外ににおわせている。

ウクライナにいかなる政権ができても、クリミアの奪還を公式に取り下げることはないだろう。交渉で返還が実現する可能性は皆無に近い。黒海艦隊の本拠があるクリミアに対して、仮に武力を行使すれば、核使用基準である「破壊されると核戦力による反撃を損なう重要施設に対する攻撃」に相当すると、ロシアが強弁するかもしれない。ウクライナをめぐる情勢は今後、相当の長きにわたり、ロシアの核の影から逃れることはできないだろう。

もう一つプーチンが強調しているのは、アメリカとロシアによる中距離核戦力（ＩＮＦ）全廃条約が２０１９年に失効して新たに生まれた脅威である。条約の失効により、アメリカは射程５００～５５００キロで核弾頭搭載可能な中距離ミサイルを展開できるようになった。モスクワとキーウの距離は約５００キロである。ＩＮＦの束縛から解き放たれた中距離ミサイルがウクライナに配備されれば、「モスクワに到達するまで、トマホークなら35分足らず、ハリコフ周辺から発射した弾道ミサイルなら7～8分、極超音速ミサイルなら4～5分」しかかからない。「ナイフを喉に突きつけられた」状態になるとプーチンは言う（２０２２年2月21日の演説より）。ロシアと近接する国はウクライナだけではない。まだ配備もされていない中距離ミサイルの脅威を侵略の口実にするのなら、バルト3国も北欧諸国もロシアの侵略に本気で備えなければならない。フィンランド、スウェーデンは伝統的中立をかなぐり捨ててＮＡＴＯ加盟の方針に転じた。ＮＡＴＯ加盟国は22年7月、両国の加盟議定書に署名した。プーチンにとっては大きな誤算であっただろう。

プーチンは２０２２年２月24日に開戦する前から、短距離弾道ミサイル「イスカンデル」、中距離巡行ミサイル９Ｍ７２９、空中発射極超音速ミサイル「キンジャル」をウクライナ周辺に展開した。２月19には大規模なミサイル発射演習を実施し、クレムリンの一室でプーチンがベラルーシ大統領ルカシェンコと共に見守った。両首脳の前に設置された大型スクリーンは、各種ミサイルの発射状況をイラストを交じえて映し出している。ベラルーシは自国でロシアと大規模な軍事演習を展開し、非核中立条項を削除する憲法改正を目前にしている。核兵器を運用する軍事同盟の形成を視覚を通じて印象付ける狙いが見て取れた。クレムリンによれば、演習には航空宇宙軍、南部軍管区、戦略ミサイル軍、北方艦隊、黒海艦隊が参加し、キンジャル、海洋配備の極超音速ミサイル「ツィルコン」、巡行ミサイル「カリブル」、イスカンデルに加え、ＩＣＢＭ「ヤルス」も発射した。明らかにアメリカに対する威嚇である。

プーチンは侵攻当日の演説で「我々の邪魔をしようとする者、ましてや我が国、我が国民に脅威をもたらす者は誰であろうと、ロシアが瞬時に反応し、自分たちの歴史において体験したことがない結果に見舞われることを知らねばならない」と述べ、核兵器使用の可能性を強く示唆した。27日には核抑止部隊を「特別戦闘態勢」に置く命令を出した。開戦前に展開した核部隊に対する指揮命令系統を作動させたことを意味した。翌28日には戦略核を運用する部隊が「特別警戒態勢」に入った。3月には再び、核弾頭ミサイルを搭載した原子力潜水艦やＩＣＢＭの演習を実施した。一方で国連大使ネベンジャらが、ウクライナが生物化学兵器を使用する準備を進めていると繰り返し述べるようになった。各国大使らが国連の場で否定すると、ネベレジャは「そのうち分かる」と不気味なせりふを吐いた。専門家はロシアが大量破壊兵器を限定使用する事態に懸念の声を上げた。

ＮＡＴＯは3月24日、ブリュッセルで対面による臨時首脳会議を開催した。ロシアによる化学兵器の使用は、アメリカ大統領バイデンが言う「現実の脅威」との認識を踏まえ対応を協議した。30カ国首脳が発表した共同声明は、ロシアのウクライナ侵略を「ユーロアトランティックの安全保障にとって、この数十年間で最大の脅威」と位置付け、プーチンが「無責任で安定を損なう言説をエスカレートさせている」と批判した。ロシアが化学兵器か生物兵器を使用すれば「重大な結果」を招くと警告した。

バイデンは記者団に、ロシアが化学兵器を使用した場合は「相応の対応をする」と述べた。事務総長ストルテンベルグも記者会見で「いかなる化学兵器でも、使用すれば紛争の性格を全面的に変えるだろう。それは国際法の甚だしい違反であり、広範な結果をもたらすだろう」と語った。「相応の対応」や、全面的に変わる「紛争の性格」について、両者とも具体的な説明は避けた。ウクライナ側による化学兵器の使用を、ロシアが核兵器使用の口実とする懸念がある以上、NATO首脳会議では従来とは次元の異なる対応を検討したに違いない。それは、武器や情報のウクライナへの提供という現状を超越しつつ、さらにバイデンが早くから否定している地上軍の派遣は避けながらも、ロシアに大量破壊兵器の使用を思いとどまらせる効果を伴わなければ意味がない。ロシアはどのようなメッセージを受け取ったのだろうか。NATOはロシアの大量破壊兵器の使用を抑止したのだろうか。最終的な回答はまだ明らかではない。

世界は前代未聞の経済制裁をすると脅して、プーチンに戦争を思いとどまらせようとした。ロシアに発動した制裁は、プーチンの予想を上回る規模と内容を伴うものとなった。それでも侵略を抑止する効果はなかった。他方プーチンは核兵器を使用するという脅しを繰り返して、アメリカやＮＡＴＯが直接介入しないようにけん制した。ウクライナはＮＡＴＯ加盟国ではないので、ＮＡＴＯが集団的自衛権を行使する対象ではない。ウクライナのためにアメリカがロシアと直接戦わねばならない義務はない。ただバイデンが地上軍の派遣を、かなり早い時期から明確に否定し、ウクライナが執拗に求めた飛行禁止空域の設定にＮＡＴＯが頑として応じないのは、核保有国同士の衝突が核戦争や第三次世界大戦を誘発する事態を恐れたからだろう。アメリカやＮＡＴＯが絶対に越えてはならないと自らを律した一線である。プーチンはそれを十分に見極めた上で、しきりに核の恫喝《どうかつ》を繰り返した。「この人間なら実際にやるかもしれない」と思わせるためだ。アメリカはプーチンが核を使うかもしれないと警戒している。プーチンはアメリカが核を使うとは考えていない。プーチンが世界を振り回しているかのように見える。にもかかわらずプーチンは「核戦争に勝者はいない」とも繰り返し述べているのだ。核の使用は身の破滅であると本当に理解していれば、勝負はまだ互角だろう。相手に与えようとする恐怖は、自ら味わう恐怖にほかならない。核兵器を持ってしまった人類の悲劇である。

「核なき世界」の実現を目指す核兵器禁止条約の第一回締約国会議が、2022年6月23日、「ウィーン宣言」などを採択して閉幕した。宣言には「いかなる形であれ核の威嚇を非難する」との言葉が盛り込まれた。ロシアを名指しすることは、ベネズエラや南アフリカなどが反対した。アメリカやロシアなど核保有国は核兵器禁止条約に反対している。広島、長崎の惨禍を経験しながらもアメリカの核の傘の下にある日本は、条約の署名・批准を拒み、締約国会議にオブザーバー参加さえしなかった。ウクライナ東部の前線では、会期中も激しい戦闘が続き、連日数百人が命を落とした。それが核兵器と戦争をめぐる世界の現実であった。

5、引き裂かれた親子

マリーナ・オフシャンニコワの母はロシア人、父はウクライナ人だ。父とは幼い時に死に別れた。ウクライナで戦争が始まってから怒りの衝動が突き上げてくるようになったのは、自分の体に二つの民族の血が流れているからだと感じていた。前の晩に紙のプラカードを用意して、ロシアとウクライナの国旗を描いた。ロシアでプロパガンダの中枢を担うテレビ局

「第1チャンネル」の罪と、そこで何年も働いてきた良心の呵責《かしゃく》をビデオに録画してネットで公開する手はずを整えた。無謀な企てであることは分かっていた。「膝が震えて動けなくなるのではないか。スタジオに入れてもらえないかもしれない」。そうなることを願う気持ちも、どこかに潜んでいた。恐ろしかったのだ。誰も邪魔はしなかった。スタジオにいるスタッフが、顔見知りのオフシャンニコワを警戒する理由はなかった。四つ折りにして隠し持っていたプラカードを広げると、薄暗がりから明るい光の中へ進み出た。

ロシアで国営第1チャンネルが平日の夜9時から生放送する「ブレーミャ」は、視聴率30％を超える定番のニュース番組である。2022年3月14日午後9時41分。アンカーのエカテリーナ・アンドレーエワが、ロシアの首相がベラルーシの首相に、欧米から受けた制裁に対処するため協力を求めたというニュースを読み始めた。彼女の背後に突然、プラカードを掲げたオフシャンニコワが現れ「戦争反対！」と叫び始めた。アンカー歴20年を超えるアンドレーエワは、何事もなかったようにニュースを読み続けた。「振り向いたら、頭をたたかれるか、ペンキをかけられるかもしれない」と思ったからだ。約5秒後に画面は、どこかの病院からの中継に切り変わった。手書きのプラカードには、英語、ロシア語、ウクライナ語で「戦争反対、プロパガンダを信じるな、あなたは騙《だま》されている」との言葉が連ねてあった。

大統領プーチンはプロパガンダの道具としてテレビを最も重視する。国民になじみが深く視聴率が高い「ブレーミャ」は情報操作の要である。国民のみならず世界のロシア専門家が注視する番組で起きた前代未聞の珍事は、クレムリンにも視聴者にも驚天動地の出来事だった。オフシャンニコワはスタジオを出たところで警備員に拘束され、警察で取り調べを受けた。

オフシャンニコワは前夜に録画したビデオで「今ウクライナで起きていることは犯罪です。ロシアは侵略国です。侵略の責任はたった一人の人物、ウラジーミル・プーチンが負っています」「何年もの間、第1チャンネルで働き、クレムリンのプロパガンダ活動に携わってきました。私は今、それを大変恥じています」と語っていた。首にはウクライナ国旗と同じ青と黄色のネックレスを着けて「このネックレスはロシアが兄弟殺しの戦争をすぐにやめなければならないという象徴なのです」と説明した。そして「集会に行きましょう。何も恐れることはありません」と呼び掛けた。

オフシャンニコワの尋問は14時間に及んだ。裁判所は彼女に3万ルーブル（約3万4000円）の罰金を科した。戦争に抗議する集会を呼び掛けた行為が、デモや集会に関する法規に違反したと認定された。保釈されたオフシャンニコワを、待ち受けていた記者たちが取り囲んだ。ある記者が「なぜ釈放されたのか」と質問した。プーチンの顔に泥を塗った人物が罰金だけで帰宅を許されたことに意外感があったからだろう。彼女は「何も驚くことはないわ。私には二人の子供がいるのですから」と英語で答えた。誰もが、このままで済むとは思っていなかった。最初はビデオの内容が問われた。次は看板番組の画面を汚した行為自体が厳しく問われると予想された。「戦争」という言葉を使うこと自体が禁止されていたし、海外におけるロシア軍の活動に関して虚偽の情報を拡散したと認定されれば、最長15年の懲役となる恐れがある。ソヴィエト時代なら裁判にもかけられずに、そのまま精神病院に閉じ込められて一生を終わる運命となっても不思議ではなかった。

ネットには当初、オフシャンニコワの勇気をたたえる書き込みが目立った。フランス大統領のマクロンは、モスクワのフランス大使館で保護してもいいと記者団に語った。政治亡命も受け入れる用意があるとまで述べた。ドイツのメディア大手アクセル・シュプリンガーは、自社が発行するウェルト紙がオフシャンニコワとフリーランス契約を結んだと発表した。オフシャンニコワは4月上旬にロシアを出て、同紙の記者としてモルドバの難民キャンプなどを取材したあと、ドイツへ移動した。

ネットに奇妙な書き込みが目立つようになったのは、このころからだ。「なぜオフシャンニコワは刑務所にも入らず、自由に暮らしているのか」「どうしてプーチンは出国を許したのか」「ブレーミャの事件でオフシャンニコワは罪に問われないのか」。彼女をめぐり、さまざまな憶測が飛び交い、やがて「オフシャンニコワは連邦保安局（ＦＳＢ）の協力者である」という流言が拡散していった。評論家や専門家を名乗る人物が、次々に自説をネットに投降して「スパイ説」を煽《あお》った。ドイツの大手メディアと契約したことで、外国の手先だったという噂もささやかれた。オフシャンニコワは困惑しながらも、記者として旅を続けた。

6月末には生まれ故郷であるウクライナの港湾都市オデーサを訪れた。ロシアのミサイル攻撃で壊れた建物と黒海を背景にして立つ自分の写真をインスタグラムに投稿して疑惑に反論した。「私はＦＳＢの協力者ではありません。なぜ出国できたかって？ マクロン、ゼレンスキー、アメリカの政治家が助けてくれたからよ」。彼女が得た情報によれば、第1チャンネルはブレーミャの生中継という長年の伝統を捨て、1時間前に収録した画像を放送するようになった。乱入事件が、よほどの痛手であったからだろう。彼女が生中継のスタジオに簡単に入れたのは、最初からFSBとつるんだ「芝居」だったという話とは辻褄《つじつま》が合わない。「ロシアとウクライナは、プーチンが言うような兄弟ではなく、ウクライナには独自の道があります。私は〝お利口さんのロシア人〟ではなく、ウクライナ人です。ウクライナを支持する証しとして、オフシャンニコワという姓を、父の姓であるトカチュクに変えるつもりです」。彼女はこう書き込んだ。

にもかかわらずウクライナの空気はオフシャンニコワに冷淡だった。キーウで予定していた彼女の記者会見は取りやめになった。FSBのスパイという言説がウクライナでも広がっていたからだ。父の祖国でも疑いの目を向けられ、どこに自分の居場所があるのか分からなくなってしまった。最大の心配ごとは、自分の留守中に前夫が二人の子供を引き取ると裁判所に訴え出たことだった。彼女には17歳の息子と11歳の娘がいる。前夫は話し合いを拒否しているので、なぜ急に子供を引き取ると言い出したのか尋ねることはできない。ブレーミャの一件が理由であるのは容易に推測できた。プーチンの対外向けプロパガンダ戦略で重要な位置を占める複合メディアRT（ロシア・トゥデイ）が前夫の勤務先である。妻だった女性の行為を許し難いと思っているに違いなかった。それでも、いきなり子供たちと暮らすと言い出した真意が解せなかった。

ウェルト紙との3カ月契約が切れた。延長もできたが、海外での仕事に区切りをつけて、7月初めにモスクワに戻った。子供たちに会いたかったし、夫が起こした訴えに応じて裁判所で自分の意見を述べなければならなかったからだ。ロシアを出て3カが経過していた。帰ってみると、息子とは会えたものの、娘は自宅にいなかった。前夫がどこかに連れて行ったらしいと推測した。裁判所の手続きは秋まで延期されていた。

何か大きな力にほんろうされているようだった。それでも持ち前の闘争心が消えたわけではない。オフシャンニコワはネットラジオ「モスクワのこだま」のインタビューに応じて語った。「私は情報戦の真っただ中に巻き込まれてしまったのです。我が国の特殊機関が私に対するヒステリーを煽《あお》っています。二人の子供についても、単なる家庭内の問題ではなく政治的な要因の方が大きいのです。息子はもう自立できるので、娘と一緒に外国で暮らしたいのですが、裁判が続いている間は出国できないかもしれません。自分の体験を本に書いたり、ドキュメンタリーを撮ったりして、ジャーナリストとしての活動は続けるつもりです」

オフシャンニコワの見立てでは、ネットに反乱する誹謗《ひぼう》中傷はＦＳＢが裏で捏造《ねつぞう》している。前夫の訴えにも政治が影を落としている。母の国でも父の国でも「スパイ」の汚名を着せられてしまった。噂を信じない友人もたくさんいるから「へこたれはしない」。ただ子供たちの気持ちと将来を思うと心が痛む。

母親から子供を奪うほど残酷な仕打ちはないだろう。裏切り者は決して許さない。プーチンが支配する世界の掟《おきて》である。

6、神と戦争

２００１年1月1日、ロシアで新たな国歌が生まれた。ソヴィエト連邦国歌の旋律をそのまま採用し、歌詞だけを入れ替えた。「ロシア、聖なる我らが国家」「神に守られた祖国の大地」。大統領に就任して2年目のプーチンは、かつての「労働者の国」を「神の国」に変えようともくろんだ。

鐘の音は聖なるロシアの響きである。２００２年7月、モスクワの北東55キロに位置するトロイツェ・セルギエフ大修道院には、多くの信者が詰めかけていた。緑のビロード地に金の刺繍を施した祭服をまとったモスクワ総主教アレクシー2世が、二つの大きな鐘に聖水を振りかけて祝福した。スターリン時代の宗教弾圧で72年前に破壊された鐘を復元して、翌月には鐘楼に釣り上げる予定だった。費用のほとんどはロシア原子力省が負担し、それぞれの鐘にウラジーミル・プーチンの名前を刻した。由緒ある鐘を鋳造する際、時の皇帝の名前を刻す伝統がロシア正教にはある。KGB（旧ソ連国家保安委員会）の工作員だった人物は現代の皇帝となり、神の代理としての威厳をも備えようとしていた。

2016年11月4日、モスクワの空はどんよりと曇り、クレムリンの横にある広場では小雪が舞った。背丈より高い十字架を右手で地に立て、左手に剣を持つ巨大な立像の下にロシアの要人が勢ぞろいした。立像はキリスト教を国教としてルーシに導入したウラジーミル大公である。大公は988年にクリミアのケルソネスで、コンスタンチノープル総主教庁の司祭から洗礼を受けたと伝わる。ロシアの起源であるキーウ・ルーシで、キリスト教の国づくりに取り組んだ歴史上、宗教上の偉人である。

除幕式で演説したプーチンは「（キリスト教受洗の）選択は、ロシア、ベラルーシ、ウクライナの民に共通する精神の源であり、今に至るも道徳と価値観の基礎として、我々が過ごす日々の在り方を律しているのです」と述べた。モスクワ総主教キリールは「ウラジーミル大公は、彼を父とするあらゆる民族、つまり現在は多くの国家に住む『歴史的ロシア』の民族にとって象徴的な存在であります」と語った。

プーチンとキリールの考えによれば、ロシア、ベラルーシ、ウクライナは、同じ神を奉じる東スラヴ人が構成する「歴史的ロシア」として一体でなければならない。民族の歴史の源流をさかのぼればウラジーミル大公によるキリスト教受洗に行きつく。そのウラジーミル大公が今、モスクワの中心部で、権力の象徴であるクレムリンを守るように立ちはだかっている。ロシアが「歴史的ロシア」をまとめる盟主たらんとする意志を体現しているのだ。このような世界観と歴史観がウラジーミル像の建立を促したのであった。

除幕式にはノーベル賞作家ソルジェニーツィンの妻アレクサンドラも参列し「統一と合意」を訴えた。故人の作家にもスラヴへの郷愁があった。イスラム教、ユダヤ教、仏教の指導者も顔をそろえた。彼らも国籍はロシアである。その光景は多民族、多宗教をのみ込んで膨張を繰り返したロシア帝国の残影とも言えた。それでもクレムリンに君臨する帝国の支配者は、正教徒のロシア民族であることが望ましい。帝国の本質は拡張主義である。ウクライナからクリミア半島とドンバスの一部を奪って2年半が経過していた。それでも版図拡大のマグマが冷えたわけではなかった。

キリスト教の東西分裂（１０５４年）で西ローマ帝国のローマはカトリック、ビザンツ帝国のコンスタンチノープルは正教の拠点となった。ウラジーミルの受洗によってキーウには、コンスタンチノープル総主教庁の管轄下にある府主教区が生まれた。その後はモンゴル帝国のキーウ大公国支配やオスマン帝国によるビザンツ帝国支配など幾多の動乱を経て、17世紀にモスクワ総主教区がキーウ府主教区を編入した。しかし、正教会で最高権威を持つコンスタンチノープル総主教庁が２０１８年、この編入を無効とする決定を下した。モスクワ総主教庁はこれを認めなかったので、ウクライナ正教会は分裂状態に陥り、キーウ系、モスクワ系、独立正教会が並立した。

キーウ系はコンスタンチノープル総主教庁に自治権の承認を求めてきた。これに対しコンスタンチノープルは「ウクライナにおける教会分裂の克服が先決」として応じようとしなかった。２０１８年に入って事態が動く。モスクワ系の一部が自治権の承認の請願に合流したのである。曲がりなりにも分裂を克服した形式が整った。クリミアを奪われ、ドンバスでは紛争が続いていたので、反ロシア感情は高まっていた。それが影響した可能性もある。コンスタンチノープルの同意を得てキーウ府主教エピファニーを頂く統一組織「ウクライナの正教会」が発足する運びとなった。

ロシア正教会の理解では、聖地キーウを含むウクライナは「歴史的ロシア」に包摂される。ロシア正教会は当然「ウクライナの正教会」を承認しなかった。コンスタンチノープルを頂点とする正教世界の秩序に照らせば、ロシア正教会はウクライナの管轄権を失ったことになる。

２０１８年12月15日、「ウクライナの正教会」はキーウのソフィア大聖堂において、秘密投票の結果、エピファニーを正式に府主教に選出した。39歳の若き指導者が誕生した。大聖堂の広場に集まった信者の前に、コンスタンチノープルへの働きかけに尽力した大統領ポロシェンコとエピファニーが姿を見せた。ポロシェンコは「今日は最終的にウクライナがロシアから独立を果たした日として歴史に刻まれるでしょう。詩人タラス・シェウチェンコの言葉にあるように、ウクライナはもはや『モスクワの器からモスクワの毒』を飲まなくてよいのです」と述べた。

２０２２年のウクライナ戦争で、モスクワ総主教キリールがプーチンを強く支持して世界の宗教界から批判を浴びる前段には、このような正教会内部の確執があった。プーチンも侵攻に先立ち2月21日の演説で「キエフ《ママ》の政権はモスクワ総主教系のウクライナ正教会に制裁を加えようとしている。ウクライナ政府は国内の教会分裂という悲劇を、恥知らずにも政治の道具に変えてしまった」と述べ、ロシア正教会の立場を全面的に支持した。

総主教キリールはロシアのウクライナ侵攻直後の2月27日、モスクワの救世主ハリストス大聖堂で信者に向かい「私たちにこれほど近い兄弟であるウクライナにおいて、ルーシとロシアの教会の一体化を損なおうと常時狙ってきた邪悪な勢力が、今の政治状況を利用して勝利を収めてはなりません」と語った。「邪悪な勢力」が何を意味しているかは、キリール自身による次のような言葉から知ることができる。「１９９０年代までロシアは、安全と尊厳が尊重されることを約束されていました。しかし、時がたつにつれ、あからさまにロシアを敵とみなす勢力が国境に近づいてきたのです。その兵器がいつか自分たちに対して使われるかもしれないと私たちは懸念しました。ＮＡＴＯ加盟諸国は、そのような懸念を無視して毎年、毎月、軍備を増強してきたのです」。これは、世界教会協議会（ＷＣＣ）がウクライナ戦争で和平の仲介をキリールに要請した書簡に、3月10日付で答えた文面である。仲介どころか、全面的にプーチンと同じ政治の言葉を使い、戦争を支持している。戦争の大義を教会が積極的に宣伝しているのだ。

85歳のローマ教皇フランシスコは迅速に動いた。侵攻2日後にローマにあるロシア大使館に自ら出向き、戦争への懸念を伝え、3月にはキリールとオンラインで会談した。キリールは最初の20分間、侵略を正当化する主張を一方的に展開した。じっと耳を傾けていたフランシスコは「一切理解できない」とキリールに告げ、「兄弟よ、我々は国家の聖職者ではありません。政治の言葉でなく神の言葉で語るべきです」「総主教自身がプーチンの侍者に変身してはいけません」などと諭した。二人は6月にエルサレムで、２０１６年のハバナ会談に次ぐ2回目の直接会談を予定していた。状況が許さないと判断せざるを得なかった。キリールは「あいまいなシグナルを送る可能性がある」と延期に同意した。以上は教皇が自らイタリア紙コリエレ・デラ・セラに語った会談のあらましである。

フランシスコはモスクワを訪れてプーチンと会談する意向をロシアに伝えた。プーチンは諾否の回答さえしなかった。ウクライナの大統領ゼレンスキーから受けた招待については、モスクワ訪問を優先させる立場を伝えた。一方、キリールは戦争に肩入れする姿勢を変えなかった。大統領直属の治安部隊でウクライナにも展開している国家親衛隊の聖堂を訪れて、兵士を激励した。隊長ゾロトフにイコンを贈り、兵士の命を守ってくれるだろうと語った。モスクワ郊外にあるロシア軍のための聖堂も訪問し、軍と教会の一体化を誇示した。

ロシア正教会は「教会法が定めた管轄領域」という考え方に重きを置く。それによれば、ロシア、ウクライナ、ベラルーシ、モルドバ、カザフスタン、ウズベキスタン、エストニア、ラトヴィア、リトアニアの正教徒は、モスクワ総主教の管轄下にある。特にウクライナはカトリック国のポーランドと国境を接し、典礼は正教であるにもかかわらず、ローマ教皇の首位権を認める特殊な形態の「東方典礼カトリック教会」が西部で一定の勢力を維持している。コンスタンチノープル総主教の決定により、ロシア正教会は東西教会の勢力争いの最前線に位置するウクライナで、管轄権を形式上は失った。戦争にのめり込むキリールの姿勢は危機感の現れかもしれない。

イギリスはキリールを「戦争の支援者、加害者」と認定して、資産凍結、渡航禁止の制裁を科した。

7、もう一つの核兵器

ロシアがウクライナを侵略した戦争で最も衝撃的な映像は、キーウ近郊のブチャに残された市民の虐殺体と、ロシア軍がザポリージャ原子力発電所を攻撃した夜間の閃光《せんこう》だろう。虐殺が目に見える恐怖なら、原発の攻撃や占拠は目に見えない放射能の恐怖である。

ロシア軍は開戦初日の2月24日午後、ベラルーシ国境から10キロに位置するチョルノービリ原発を戦車や装甲車で包囲した。原発を守っていた約１７０人の国民防衛隊は、地下室に押し込められた。ロシア軍は原発の技術者や職員、約１００人を人質に取り、放射性物質を保全する仕事を続けさせた。２日後にロシア国営の原子力公社ロスアトムから専門家のチームがやって来た。占拠は長期に及ぶと思われた。

この原発の４号機は１９８６年に史上最悪の爆発事故を起こし、放射能が国境を越えて拡散した結果、地球規模の災厄をもたらした。人類の歴史に刻まれた悲劇である。現在は全ての原子炉が停止している。４号機の建屋には大量の核燃料が残り、コンクリートの「石棺」

と、かまぼこ型の新シェルターで二重に覆われている。原発の敷地には、1〜3号機の使用済核燃料や高レベルの放射性物質が貯蔵されている。原発から30キロの範囲は放射能が高いので、今でも原則として、立ち入りが禁止されたままだ。原発職員が住んだプリーピャチという都市は、放射能汚染で無人の廃墟と化した。

4号機のシェルターは放射能の拡散を防ぐための構造物なので、砲弾やミサイルの攻撃を想定した強度はない。ロシアの兵士は、その周辺に砂のうを積んで戦闘に備えた。ウクライナ軍が原発を奪還しようとしてもシェルターは撃たないと考え、「核の盾」に使おうとしたのか。戦闘に偶発事故は付きものだ。36年前の悪夢が再現する可能性があった。

稼働を停止しているとはいえ、あのチョルノービリ原発が戦火に巻き込まれ、不法に占拠されたという知らせは世界を驚愕させた。ウクライナの大統領ゼレンスキーはロシア語で「ロシア人に問いたい。いったい、どうしたら、こんなことができるのか。放射能に国境はない」と厳しく糾弾した。

最も緊張が高まったのは、チョルノービリ原発で3月9日に停電が起きた時だった。ロシア軍の軍事行動が原因で給電が止まった。電源喪失は使用済み核燃料の冷却に重大な支障をもたらす恐れがある。切り替えた非常用の電源は48時間しかもたない。ウクライナの外相クレバは放射能漏れを避けるため、ロシアに停戦を呼び掛けた。この間、原発に残された職員たちの心労は極限に達した。原発は交代制の職場である。帰宅も休息も許されずロシア兵の監視下に置かれ、もう2週間も連続で働いていた。10日になってベラルーシから給電が始まり、悪夢の電源喪失は免れた。非常用の電源が切れる寸前だった。ロシアにとっても占領地で放射能が拡散する事態は避けねばならなかった。

放射能の恐ろしさを原発の職員は熟知している。ロシア軍は無頓着だった。原発に連なる半径10キロの「赤い森」は最も放射能の値が高い場所である。１９８６年の事故で大量に放出された放射能でマツが赤く変色した。ソヴィエトは兵士を動員して樹木を伐採し、その場で埋めた。放射能汚染がひどく、他の場所に運べなかったためだ。森を通る道は通行禁止となっていた。原発に行くには、う回路を選ばねばならない。原発を占拠したロシア軍は、赤い森の土壌をブルドーザーで掘り返し塹壕《ざんごう》を張り巡らせた。舞い上がる土ぼこりのため、大気中の放射線量が増えた。兵士たちはほこりを吸い込みながら、放射能を防ぐ防護服もマスクも着けずに作業を強制された。塹壕にこもって過ごす時間もあっただろう。赤い森では放射能の90％は土壌の浅い層に蓄積している。やがて激しい吐き気ややけどを伴う急性放射線症候群（ＡＲＳ）の症状が兵士たちに現れた。

１９８６年の事故では、職員や消防士、初期の除染作業に動員された人々がＡＲＳの犠牲となった。ロシアはソヴィエトの継承国である。チョルノービリ原発事故に関する知見が豊富に蓄積されている。高い放射能の真っただ中に生身の兵士を放置したことは、悲惨な過去の体験が全く生かされていない事実を示していた。原発を占拠する作戦を立案する過程で、放射能に関する専門家の意見をくみ上げていたら、このような醜態を世界にさらしはしなかったに違いない。プーチンと一部の取り巻きが全てを決める独裁体制の欠陥が露呈したのだ。

チョルノービリ原発には核攻撃を受けた際に所員たちが避難する地下壕がある。放射能の侵入を防ぎ、１５００人に3日間、飲料水を提供できる貯水槽を備えている。１９８６年の事故では所長ら数百人が、ここで対応に当たった。原発攻撃は冷戦の時代から悪夢であった。プーチンは悪夢を現実に変えてしまった。

ロシア軍は3月末にチョルノービリ原発から撤退した。ウクライナのエネルギー相ハルシチェンコが共同通信に語ったところによれば、ARSの症状を呈したロシア兵士75人ほどがベラルーシに護送され、ゴメリ市にある放射線医学センターで治療を受けた。原発の施設は略奪の爪痕が生々しかった。ありとあらゆる部屋が物色され、床に機材や書類が散乱していた。放射線量のモニターまで破壊されていた。鍵が掛かった部屋はドアを壊して押し入っていた。拘束していた国民防衛隊は全員が連れ去られた。その消息はようとして知れない。

福島大学とチョルノービリ原発の研究所が進めていた共同研究の成果も失われた。コンピューターのハードディスクが盗まれ、日本が提供した研究機器も破壊された。チョルノービリで自然環境に残る放射能の推移について調べ、福島第一原発事故で避難した人々の帰還計画に生かすために根気強く進めてきた仕事である。蓄積したデータは全て無に帰した。

キーウに迫っていたロシア軍部隊も、時期を同じくして後退した。ロシア軍は東部ドンバス戦線に作戦の重点を移す方針を明らかにした。チョルノービリ原発からの撤退は、兵士の安全を守るためではあるまい。全体的な部隊再編の一環とみるべきだろう。人命を守るためでもなければ、放射能拡散を防ぐためでもなかった。

チョルノービリが占拠されて間もない3月4日、ロシア軍はウクライナ南部にあるザポリージャ原発を攻撃し、支配下に置いた。原子炉6基を有するヨーロッパ最大級の原発である。ロシア軍の戦車が原発の敷地にある訓練施設を砲撃した。闇を切り裂く閃光《せんこう》の映像に、世界は慄然《りつぜん》とした。原発の当直幹部はロシア軍に向かって拡声マイクで呼び掛けた。「核施設を攻撃するのはやめなさい！　すぐに砲撃を中止しなさい！　君たちは全世界の安全を脅かしている。ザポリージャ原発の稼働に関わる中枢部が損傷するかもしれない。そうなれば、我々の力では回復できない」。必死の呼び掛けは爆音でかき消され、原発の制御室でむなしく響いた。その様子を捉えた動画をニューヨークタイムズ電子版が報じた。恐怖は瞬く間に世界に拡散した。稼働中の原発が攻撃を受けたのは史上初めてである。人々は目と耳を疑った。

訓練施設で火災が起きた。原子炉区域との距離は約３００メートル。周辺には変電施設や使用済み核燃料の乾式貯蔵庫がある。電源が喪失すれば核燃料冷却システムが正常に作動しなくなる恐れがあった。貯蔵庫の破損は放射能漏れに直結する。

約５００人、車両50両のロシア軍がザポリージャ原発を支配下に置き、電話回線、インターネット、電子メールを遮断した。携帯電話は使用できるが不安定だった。原発のオペレーション要員と国際原子力機関（ＩＡＥＡ）の規制チームの連絡は困難を極めた。核物質監視システムのデータ送信も途絶えた。ＩＡＥＡ事務局長のグロッシは「かつてない原子力事故の危険がある」と深く憂慮した。

国連安全保障理事会は緊急会合を開いた。アメリカ大使のトーマスグリーンフィールドは「信じられないほど無謀で危険」と述べ、各国大使からも非難の声が相次いだ。ロシア大使のネベンジャは「ウクライナの民族主義者が核による挑発を行うことを防ぐためだ。火を放ったのはウクライナ側だ」と強弁した。

ロシア軍は3月以降、ウクライナ第2の都市ハリキウにある「物理技術研究所」もたびたび砲撃した。研究所はウクライナ最大の物理研究施設で、かつてはソヴィエトの核物理研究を主導する存在だった。ソヴィエト時代に製造された核物質が保管されている。

プーチンはなぜ、核施設を攻撃したり、占拠したりするのだろうか。原発を占拠すればウクライナの電力供給を支配・制御し、軍の活動や国民生活に影響を及ぼすことができる。戦争や占領を有利に進めるために、大きな効果が見込める。だとすれば今後の戦況の推移によっては、南ウクライナ原発など別の原発も占拠する恐れが残る。ウクライナはチョルノービリ事故のあとも原発に依存する方針を維持し、原子炉は計15基を有して、6割の電力を原発が生産している。電力を支配するために、原発の支配を優先する一方で、放射能汚染の危険を度外視するのは狂気の沙汰である。

プーチンは核兵器使用の威嚇を繰り返している。大量の核物質を蓄える原発に加える脅威も、核による威嚇にほかならない。原子炉の損壊による放射能汚染は、占領地にとどまらずロシアまで及ぶ危険がある。意図的に原子炉を破壊する蓋然性は低い。とはいえ、核施設の攻撃と占拠は、放射能汚染に対する恐怖感を人々に植え付ける。ザポリージャ原発では、わざわざ夜間を選んで派手に砲撃を繰り広げている。視覚的、心理的な効果を計算したためだろう。原発の占拠だけが目的なら別の方法があるはずだ。

プーチンには、人を驚かせたり、怖がらせたりして楽しむ性癖がある。7月にクレムリンに下院各派の代表を集め、こう言っている。「話に聞くところによれば、向こうは我々の敗北を願っているという。やらせてみようではないか。だが知っておくがいい。本当のところ、我々はまだ何も真剣には始めていないのだ」。いったい何を始めるというのだろう。彼の時代は終わりつつあるというのに。

8、過去か未来か

ウクライナの大統領ゼレンスキーがテレビのコメディードラマ「国民の僕《しもべ》」で演じた大統領ゴロボロチコは改革に失敗して失脚し、獄中にあった。この間に国は乱れに乱れ、6人の大統領が交代し、ウクライナは28の自称「独立国家」に分割された。ゴロボロチコが復活して国を一つにまとめ、見事に立て直す。2049年のウクライナは対外債務の返済を終え、世界で20指に入る経済規模を誇り、農業国から宇宙大国へと変身しようとしていた。クリミアもドンバスもロシアの支配下にはない。

ゴロボロチコによれば「ウクライナは真の独立」を果たした。それは国民に生来備わっていた「才能、知識、精神」の発露である。爆発的な人気を呼んだ番組は、このようなメッセージを残して2019年3月28日の放送で幕を閉じた。3日後の大統領選挙でゼレンスキーは首位に立ち、決選投票で現職のポロシェンコを破った。空想の世界で描いた30年後の繁栄は、現実世界の選挙公約でもあった。汚職、分裂、混乱という宿痾《しゅくあ》を克服して世界の舞台に雄飛するのだ。ドンバスでは悲惨な紛争が続いていた。国民はゼレンスキーに未来の物語を託した。ウクライナ有数の政商がゼレンスキーの後ろ盾である事実には、あえて目をつぶった。

ロシアは1990年代の混乱を乗り越え、21世紀の到来とともに経済成長と安定を達成した。はるか後方を走るウクライナからは、まだロシアの背中さえ見えていなかった。2000年に大統領になったプーチンにとっては、「大国の威信」「強国の復活」という物語を生きることが国民との契約であった。彼はロシアを分裂の危機から救った救世主として振る舞い、それを民衆も受け入れた。

2024年に大統領選挙が迫っている。新しい物語を紡ぎ出さねばならなかった。プーチンによれば、ロシアとは「もくろみではなく運命である」。あらかじめ大きな使命を託されている。「歴史的ロシア」を回復し、西側の軍隊や影響を排除する。それを戦争の大義に据えた。ネオナチ掃討は口実にすぎない。

プーチンは2022年7月、若き経営者たちとの面談で、350年前に生まれた皇帝ピョートル1世に自分をなぞらえた。皇帝はスウェーデンを相手にした1700年から1721年の北方戦争で、西カレリア、エストニアなどを獲得した。プーチンの歴史解釈によれば、奪ったのではなく「取り返した」のである。「現代ロシアの宿命」も領土を「取り返し、ゆるぎないものにする」ことにある。ウクライナも「奪う」のではなく「取り戻す」のだ。このような「基本的な価値観」が「我が国の存在の基盤を成す」と彼は述べた。

私たちは過去と未来の戦争を見ている。プーチンが描く未来は過去でもある。かつて帝国を持たなかったウクライナには未来だけがある。

プーチン時代がどのような形で終焉を迎えるのか誰も予想できない。本人にも分からないはずだ。ただ「こうしたい」という願望はあるだろう。獄につながれることもなく、大国ロシアの復活を成し遂げた国父として名誉ある余生を全うしたいはずだ。そのためには、常に政権を浮揚させる刺激を国民に与え続けなければならない。放置すれば支持率も権威も下降する一方だ。その鉄則は体験的に理解している。おそらく今回のウクライナ侵略は、大ロシア（ロシア連邦）、小ロシア（ウクライナ）、白ロシア（ベラルーシ）による「歴史的ロシア」を回復する壮大な事業であるとともに、70歳を迎える人生の総仕上げでもあったのだろう。

２０２４年のロシア大統領選挙に「歴史的ロシア」の盟主として登場して、新たな政治生命を獲得するのか。あるいは栄光の絶頂で後継者を指名して新たなタンデム（双頭）体制を構築するのか。いずれにしても、疑う余地のない勝利が前提であった。ウクライナを電撃戦で奪う作戦に失敗し、そのもくろみは困難に直面している。

プーチンは20年以上前、大統領代行の時に受けたインタビューで「戦争では、いつも多くの過ちが犯される。それは避けられない」と語っている。その通りになった。「それでも勝利を考え続けなければならない」とも述べている。この信念は揺らいでいないようだ。戦争をやめようとはしない。

独裁者は哀れである。常に失脚の恐怖に脅えていなければならない。政敵は手段を選ばず排除し、裏切り者とみなす相手は文字通り「消す」。闇に葬られてきたプーチン政治の真実が明らかになる日は必ず到来する。時間は残酷である。

あとがき

全ては、あのころに始まっていたのだろうか。

1989年11月にベルリンの壁は崩壊した。KGB（旧ソ連国家保安委員会）の工作員だったウラジーミル・プーチンは、任地の東ドイツ・ドレスデンで東西冷戦の終結を見届けた。KGBが「主要な敵」と呼んだNATO（北大西洋条約機構）に関する情報収集が彼の仕事だった。その意味は薄れようとしていた。プーチンは翌1990年1月に、故郷のレニングラードに戻り、母校であるレニングラード大学の学長補佐という地位に就いた。彼は37歳、長女マリーヤは4歳、次女カテリーナはまだ3歳だった。

筆者は当時、ロシア語と現地情勢を学ぶためレニングラード大学に在籍していた。プーチンはKGBに所属したままだったから、形式的には彼の監視下にあったのかもしれない。ただ、祖国動乱の時代に外国人留学生の動向に関心を払う者などいなかった。学生寮から大学に向かうバスはいつも超満員だった。ささいなことで、乗客同士がいがみ合った。特に女性たちは不機嫌だった。大統領ゴルバチョフのペレストロイカは既に失速が著しく、経済危機と社会不安がソヴィエト全土を覆っていた。主婦の頭は、その日の食料をどう調達するかでいっぱいだったのだ。

国営商店には、いつも長い行列ができていた。2時間並んで買えるのはパン、イモ、缶詰類だけだった。自由市場には商品が豊富だった。ただ価格は国営商店の10倍はした。年金生活の高齢者や普通の市民には手が出ない。レニングラードテレビのニュース番組「600秒」は、ゴルバチョフが取り組んだ情報自由化政策「グラスノスチ」の賜物だった。人気キャスターのネブゾーロフが倉庫に眠る大量の物資の映像をすっぱ抜いたりすると、翌日はその話題で持ち切りとなった。生活苦と不正に対する怨嗟《えんさ》の声が市中に満ちていた。

大学の授業を終えると、市中心部の宮殿広場やネフスキー大通りに足を運ぶのが日課だった。そこでは大小さまざまな人の輪ができて、政治や経済、民族問題に関する議論を交わしていた。ごく普通の人々が、大っぴらに自分の意見を言える自由を謳歌《おうか》していた。政治家の悪口も言いたい放題だった。かつては考えられなかった光景である。生活苦にあえぎながらも、庶民はこのようにして民主主義の恩恵を体で感じ取っていた。

当時のレニングラードでは大小300を超える政治団体が乱立していた。レニングラード人民戦線、民主同盟など急進改革派からロシア民族派、果ては王政復古派までが路上に集っていた。筆者は人民戦線に連なる人々と親交を持つようになった。そして急進改革派が大同団結を成し遂げ、1990年3月の市ソヴィエト選挙で6割の議席を獲得し、ロシア革命発祥の地で共産党から市政の主導権をもぎ取る過程を驚きの目で見守った。

故郷の変化はプーチンの眼にどのように映っていたのだろうか？　古い権威は失われた。新しい権威はまだ確立していなかった。抑圧から解き放たれた大衆の活気と不満が、力の空白に渦巻いていた。勝ち馬は既に明らかだった。KGBでは華々しい出世ができなかったけれども、野心は捨てていなかった。急進改革派の中心人物はレニングラード大学法学部の教授だったアナトーリー・サプチャクである。当時のプーチンが、どのように動いたのかはつまびらかではない。本人はサプチャクと自分を仲介した友人がいると語っている。

サプチャクはレニングラード市最高会議議長になるとプーチンを対外関係の顧問に据えた。急進改革派とKGB士官の組み合わせは一見奇妙に映るが、ロシア大統領になるエリツィンも含めて当時の改革派の大部分は元来が共産党員だった。プーチンは自分がKGBの職員であった事実をサプチャクに明かした。サプチャクは気にかけなかった。サプチャクは1991年6月に新設の市長に当選し、選挙戦に顕著な貢献があったプーチンを副市長、市対外関係委員会議長に抜擢した。こうしてスパイは政治家になった。

市長選と同時に、レニングラードを革命前のサンクトペテルブルクに改名する是非を問う住民投票もあった。サプチャクは改名に熱心で、帝政期のロマノフ王朝に親近感を抱いていた。共産党体制の否定という意味では、急進的な改革と帝政時代への郷愁の間に矛盾はなかった。サプチャクの右腕となっていたプーチンは市長選だけでなく、サンクトペテルブルクへの改名にも深く関わったとみられる。

ソヴィエト連邦を多くの共和国に分けた線引きに、当時からプーチンが強い嫌悪感を抱いていたことは既に記した通りだ。プーチンはソヴィエト連邦に疑問を抱いていた。全体主義、言論封殺、人権侵害などが悪いというのではない。共和国に連邦離脱の権利を認めたことで崩壊への「時限爆弾」を埋め込み、それが制御できなかったという論点からレーニンとボリシェヴィキを批判した。ソヴィエトという特定の帝国の「在り方」に致命的な瑕疵《かし》があったのであって、帝国自体の存在意義を否定はしてはいない。

ソヴィエト時代はどの公的機関を訪れても、幹部の部屋にはレーニンの肖像画が飾られているのがお決まりだった。レニングラード市役所も例外ではなかった。サプチャクのチームが乗り込んだ時は、レーニンの肖像画は全て外されていた。多くの幹部はロシア共和国の元首である大統領エリツィンの写真を新たに掛けた。プーチンはピョートル大帝の版画を選んだ。レーニンや現職の国家元首より、北欧をにらむサンクトペテルブルクに新都を定め、帝国の版図を広げた皇帝の功績に価値を見いだしたのである。

この時はまだ、プーチンが現代の皇帝になるとは誰も夢想さえしなかった。1996年にサプチャクが再選に失敗しなければ、モスクワで政治の表舞台に立つことさえなかったかもしれないのだ。それでも、プーチンが副市長室にピョートル大帝の版画を掛けた時に、30年後の戦争を引き起こす何かが胚胎したような気がしてならない。

× ×

早稲田大学は2032年10月の大学創立150周年に向けて「世界の平和と人類の幸福の実現に貢献する研究」を目的と課題の一つに掲げていると聞く。本書もその一環として構想された。戦争は国連憲章に反する。プーチンもウクライナ侵略を戦争であるとは言っていない。言えないのだ。絶対悪である戦争を国際社会は防げなかった。プーチンは、その時点で欧米は敗北したのだと述べている。核兵器の使用を人類は抑止できないかもしれない。その悪夢が私達を苦しめる。中国とインドはロシアの侵略に批判を控えている。多数の国が様子見を決め込んでいる。孤立しているのはG7とヨーロッパ連合の方ではないかとプーチンは言う。どちらの側から見るかによって、世界の姿が一変するのだ。「あるべき体制」は一つではないというのがプーチンの挑戦である。民主主義への挑戦と言い換えてもいいだろう。共通のビジョンが揺らいでいる。アメリカとロシアの間で首脳同士のホットラインが機能していないという事実が、世界の危うさを象徴している。二つの世界が私たちを引き裂いている。第二次世界大戦後に「世界の平和と人類の幸福」の重要性が今ほど問われ、その難しさが痛感されているときはない。

早稲田大学出版部の元編集部長・谷俊宏さんの熱意がなければ本書は世に出なかった。一行一行を二人で書いているような至福の時間を過ごした。御礼を申し上げたい。

2022年8月1日

松島 芳彦

主な参考図書等

天江喜七郎「オレンジ革命とウクライナ危機——経験的ウクライナ論（特集 ウクライナの政治・経済に関する史的ならびに現状分析）」神戸学院大学経済学会編『神戸学院経済学論集』47巻、2015年、23～48頁
B・エリツィン（未邦訳）『大統領のマラソン』アクト、2000年
A・カザコフ（原口房枝訳）『ウラジーミル・プーチンの大戦略』東京堂出版、2021年
倉井高志『世界と日本を目覚めさせたウクライナの「覚悟」』PHP研究所、2022年
M・S・ゴルバチョフ（副島英樹訳）『ミハイル・ゴルバチョフ——変わりゆく世界の中で』朝日新聞出版、2020年
佐藤優『プーチンの野望』潮新書、2022年
塩川伸明著『国家の解体——ペレストロイカとソ連の最期1・2・3』東京大学出版会、2021年
塩原俊彦『プーチン3・0殺戮と破壊への衝動——ウクライナ戦争はなぜ勃発したか』社会評論社、2022年
下斗米伸夫『新危機の20年——プーチン政治史』朝日新聞出版、2020年
下斗米伸夫『ソ連を崩壊させた男、エリツィン—帝国崩壊からロシア再生への激動史』作品社、2021年
M・シュテルマー（池田嘉郎訳）『プーチンと甦るロシア』白水社、2009年

W・トーブマン（松島芳彦訳）『ゴルバチョフ――その人生と時代〈上・下〉』白水社、2019年
中井和夫『ウクライナ・ナショナリズム――独立のディレンマ』東京大学出版会、1998年
W・バーンズ（未邦訳）『ザ・バック・チャネル』ランダム・ハウス、2020年
J・バイデン（長尾莉紗ほか訳）『約束してくれないか、父さん――希望、苦難、そして決意の日々』早川書房、2021年
服部倫卓・原田義也編『ウクライナを知るための65章』明石書店、2018年
A・ヒギンボタム（松島芳彦訳）『チェルノブイリ――「平和の原子力」の闇』白水社、2022年
平野高志『ウクライナ・ファンブック――東スラヴの源泉・中東欧の穴場国』パブリブ、2020年
F・ヒル／G・G・クリフォード（濱野大道・千葉敏生訳）『プーチンの世界――「皇帝」になった工作員』新潮社、2016年
プーチン／N・ゲヴォルクヤンほか（高橋則明訳）『プーチン、自らを語る』扶桑社、2000年
E・プリマコフ（未邦訳）『エヴゲーニー・プリマコフ　大きな政治の舞台で』ソヴェルシェンノ・セクレトノ、1999年
J・A・ベーカー／T・M・デフランク（仙名紀訳）『シャトル外交激動の四年　上・下』新潮文庫、1997年
A・ポリトコフスカヤ（三浦みどり訳）『チェチェンやめられない戦争』日本放送出版協会、2004年
A・ポリトコフスカヤ（鍛原多恵子訳）『プーチニズム――報道されないロシアの現実』日本放送出版協会、2005年
M・マクフォール（松島芳彦訳）『冷たい戦争から熱い平和へ――プーチンとオバマ、トランプの米露外交

〈上・下〉』白水社、２０２０年
増田雅之編／新垣拓ほか『ウクライナ戦争の衝撃』インターブックス、２０２２年
松井弘明編『9・11事件以後のロシア外交の新展開』日本国際問題研究所、２００３年
C・メリデール（松島芳彦訳）『クレムリン――赤い城塞の歴史〈上・下〉』白水社、２０１６年
C・ライス（福井昌子ほか訳）『ライス回顧録――ホワイトハウス激動の２９２０日』集英社、２０１３年
M・ラリュエル（浜由樹子訳）『ファシズムとロシア』東京堂出版、２０２２年
NHK番組『映像の世紀バタフライエフェクト「スターリンとプーチン」』２０２２年5月23日放送
NHK報道「チョルノービリ原発　福島との共同研究に大きな被害」２０２２年6月8日放送
「現代思想」臨時増刊号〈総特集＝ウクライナから問う〉青土社、２０２２年5月
「週刊エコノミスト」特集号〈ウクライナ戦争で知る歴史、経済、文学〉毎日新聞出版、２０２２年5月
「世界」臨時増刊号〈ウクライナ侵略戦争〉岩波書店、２０２２年4月
フランクフルター・アルゲマイネ日曜版（２０１５年2月15日付）

松島芳彦（まつしま・よしひこ）

ジャーナリスト。1957年生まれ、東京都出身。東京外国語大学ロシア語学科を卒業後、共同通信社に入社。社費留学制度により旧レニングラード大学で１年間学んだ後、モスクワ特派員（1992-96年）、ロンドン特派員（1997-2000年）、モスクワ支局長（2002-05年、12-15年）。編集委員・論説委員。主な訳書にヒギンボタム『チェルノブイリ：「平和の原子力」の闇』（白水社）、メリデール『イワンの戦争：赤軍兵士の記録1939-45』（同）、マクフォール『冷たい戦争から熱い平和へ：プーチンとオバマ、トランプの米露外交 上・下』（同）、トーブマン『ゴルバチョフ：その人生と時代 上・下』（同）、メリデール『クレムリン：赤い城塞の歴史 上・下』（同）など。

早稲田新書014

プーチンの過信《かしん》、誤算《ごさん》と勝算《しょうさん》
―ロシアのウクライナ侵略《しんりゃく》―

2022年８月15日　初版第一刷発行

著　者　松島芳彦
発行者　須賀晃一
発行所　株式会社 早稲田大学出版部
〒169-0051　東京都新宿区西早稲田１-９-12
電話 03-3203-1551
http://www.waseda-up.co.jp
企画・構成　谷俊宏（元早稲田大学出版部編集部長）
装丁・印刷・製本　精文堂印刷株式会社

ISBN978-4-657-22014-1

早稲田新書の刊行にあたって

いつの時代も、わたしたちの周りには問題があふれています。一人一人が抱える問題から、家族や地域、国家、人類、世界が直面する問題まで、解決が求められています。それらの問題を正しく捉え解決策を示すためには、知の力が必要です。整然と分類された情報である知識。日々の実践から養われた知恵。これらを統合する能力と働きが知です。

早稲田大学の田中愛治総長（第十七代）は答のない問題に挑戦する「たくましい知性」と、多様な人々を理解し尊敬して協働できる「しなやかな感性」が必要であると強調しています。知はわたしたちの問題解決によりどころを与え、新しい価値を生み出す源泉です。日々直面する問題に圧倒されるわたしたちの固定観念や因習を打ち砕く力です。「早稲田新書」はそうした統合の知、問題解決のために組み替えられた応用の知を培う礎になりたいと希望します。それぞれの時代が直面する問題に一緒に取り組むために、知を分かち合いたいと思います。

早稲田で学ぶ人。早稲田で学んだ人。早稲田で学びたい人。早稲田で学びたかった人。早稲田とは関わりのなかった人。これらすべての人に早稲田大学が開かれているように、「早稲田新書」も開かれています。十九世紀の終わりから二十世紀半ばまで、通信教育の『早稲田講義録』が勉学を志す人に早稲田の知を届け、彼ら彼女らを知の世界に誘いました。「早稲田新書」はその理想を受け継ぎ、知の泉を四荒八極まで届けたいと思います。

早稲田大学の創立者である大隈重信は、学問の独立と学問の活用を大学の本旨とすると宣言しています。知の独立と知の活用が求められるゆえんです。知識と知恵をつなぎ、知性と感性を統合する知の先には、希望あふれる時代が広がっているはずです。

読者の皆様と共に知を活用し、希望の時代を追い求めたいと願っています。

２０２０年12月

須賀晃一